Tideline

Krystyna Dąbrowska

translated from Polish by
Karen Kovacik
Antonia Lloyd-Jones
Mira Rosenthal

ZEPHYR PRESS
Brookline, MA

Zephyr Press acknowledges with gratitude the financial support of The Academy
of American Poets with funds from the Amazon Literary Partnership Poetry
Fund and the Massachusetts Cultural Council.

Zephyr Press, a non-profit arts and education 501(c)(3) organization, publishes
literary titles that foster a deeper understanding of cultures and languages.
Zephyr Press books are distributed to the trade by Consortium Book Sales
and Distribution [www.cbsd.com].

Cataloguing-in publication data is available from the Library of Congress.

98765432 first edition in 2022

ZEPHYR PRESS
50 Kenwood Street
Brookline, MA 02446
www.zephyrpress.org

Table of Contents

4

Tideline

1

Biuro podróży

Jestem biurem podróży dla umarłych,
organizuję im przeloty do snów żywych.
Zgłaszają się do mnie sławne osobistości, jak Heraklit,
żeby odwiedzić zakochanego w nim pisarza,
ale i zmarli nie znani szerzej—jak pewien gospodarz ze wsi Wasiły
pragnący doradzić żonie w sprawie hodowli królików.
Czasem wielopokoleniowa rodzina czarteruje samolot
i ląduje na czole ostatniego potomka.
Mam też do czynienia z zabitymi
którzy, kursując regularnie do snów ocalałych,
zbierają punkty w programie frequent flyer.
Nikomu nie odmawiam swoich usług.
Wynajduję jak najlepsze połączenia
i wyrzucam sobie, kiedy młody chłopak,
żeby dostać się do snu swojej dziewczyny,
musi lecieć z przesiadką w śnie chrapiącej baby.
Albo gdy warunki pogodowe powodują awaryjne lądowanie
i umarły dzwoni: zrób coś,
utkwiłem w śnie przerażonego dziecka!
Takie wypadki to stres i wyzwanie
dla mnie, małego biura o dużych ambicjach—
bo chociaż nie mam wstępu ani do świata zmarłych,
ani do cudzych snów,
dzięki mnie się spotykają.

Travel Agency

I'm a travel agency for the dead,
booking flights to the dreams of the living.
Famous celebrities, like Heraclitus, use me
to visit a writer who's in love with him,
but so do the lesser-known dead—like a farmer from Wasiły village
wishing to advise his wife on matters of rabbit breeding.
Sometimes several generations of a family charter an airplane
and land on the brow of their final descendant.
I also have dealings with the murdered,
who on regular trips to the dreams of the survivors,
collect frequent flyer miles.
I never deny my services to anyone.
I find them the very best connections
and reproach myself when a young lover,
entering his girlfriend's dream,
must transfer through a snoring crone.
Or when weather conditions force an emergency landing
and the dead man calls out to me: do something,
I'm stuck in the dream of a terrified child!
Incidents like these mean stress and a challenge
for me, a minor business with major ambitions—
for though I have no access to the dead men's world
or to other people's dreams,
thanks to me they are in touch.

ALJ

W metrze

Błysk lusterka. Jak w maleńkim akwarium
nadpływają oczy, brwi, drapieżne usta.
W tłoku, wśród poszturchiwań, dziewczyna pewną ręką
rysuje kreskę na powiece, maluje rzęsy.

Ciepły dzień. Starsi państwo, napięci, milczący
z okutanym po uszy chudym wnuczkiem.
W prawie pustym wagonie stoją tuż przy drzwiach
jakby za chwilę mieli wysiąść. Lecz jadą dalej.

Grają w łapki. Brat i siostra? Drobne dłonie chłopca
pac w dłonie wystrojonej modnie panny,
seksownej od koturnów po okulary słoneczne.
Ona w śmiech. Czysta radość. Przez moment znów jest dzieckiem.

Wczesny grudniowy wieczór. Niesione rytmem jazdy
twarze w metrze zrzucają grymasy, przebrania,
zapadają się w siebie, rozluźniają jak pismo
coraz trudniej czytelne w miarę pisania.

In the Metro

The flash of a mirror. Like inside a miniature aquarium,
eyes, brows, a predatory mouth float up.
In the crush, amid the shoving, with a steady hand a girl
draws a line above her eyelid, paints her lashes.

The day is warm. An aging couple, intent and silent,
with a skinny grandson swaddled to his ears.
They stand by the door in a nearly empty carriage
ready to exit at any moment. But instead they travel onwards.

They're playing pat-a-cake. Brother and sister? The boy's delicate palms
smack against the palms of a trendily dressed young woman,
sexy from her wedges to her shades.
She's laughing. Unbound joy. For she's back in childhood.

An early December evening. Carried by the journey's rhythm
the faces in the metro cast off their scowls and disguises,
sink back into themselves, and loosen up like handwriting
that's harder to read the more is written.

ALJ

Kontrabanda

Pani Kubicka, która w młodości,
gdy zobaczyła na niebie samolot,
rzucała kosę i kryła się w zbożu,
leci pierwszy raz do córki w Ameryce.
Córka właśnie wychodzi za mąż.
Za nicponia, sarka pani Kubicka.
Pod ubraniem przemyca dla niej
swoją wydobytą ze skrzyni suknię ślubną.
Owinęła się nią w pasie jak bandażem.
Wie: jak znajdą, to odbiorą,
całe życie odbierali wszystko.
Idzie do kontroli bezpieczeństwa.
Każą jej zdjąć kilka wierzchnich warstw.
Pani Kubicka drżącymi palcami
rozsupłuje chustę, rozpina guziki.
Przechodzi przez bramkę, pikanie, a może
to jej serce, jeżdżą po niej obce ręce
i huczy jej w skroniach. Ktoś coś mówi,
powtarza. Że już. Jest już wolna.
Dopiero wtedy czuje, ile waży
ta suknia. I jak drapie w gołe ciało.

Pani Kubicka siedzi w samolocie.
Widzi w oknie malejące łaty pól.

Contraband

Years ago, when Mrs. Kubicka saw a plane
in the sky, she'd throw down her scythe
and hide in the grain. Now she's flying
for the first time to see her daughter in America.
Who's getting married, Mrs. Kubicka says,
to some good-for-nothing guy.
Under her clothes she's smuggling
her own wedding dress dug out from storage.
She's wound it into a belt like a bandage.
She knows: if they find it, they'll seize it—
her whole life they've taken everything.
Off she heads to security. They order
her to remove the top layer of clothing.
With trembling fingers, Mrs. Kubicka
unties her scarf, unbuttons her sweater.
She passes through the gate, hears drumming,
which might be her heart. Someone's hands
grab her and her temples pound. Someone
repeats something. That she is free. To go.
Only then does she feel how heavy
the dress is. How it prickles her skin.

Mrs. Kubicka, sitting in the plane,
watches the patchwork of fields grow small.

KK

Wieczorem podwodne światło

Wieczorem podwodne światło w przeszklonej siedzibie gazety.
Czarny klon na podwórzu tasuje odcienie fioletu.
Przy modnej lodziarni, gdzie sprzedają sorbet z buraków, estragonu
i lody dla psów, żebrze mężczyzna pokręcony jak Gollum.
Dawno nie myte okna, szeroko otwarte.
Stare kobiety i koty trzymają w nich wartę.
Seledynowy kubik lecznicy dla zwierząt, przed którym
uginają się łapy pod ogromnym wilczurem.
Pani Chwiejna. Dzień w dzień na szlaku dom—bar Lotos.
Włóczęga z dziecięcym wózkiem wypchanym stertą klamotów.
Czerwona lampka pod siodełkiem rowerzysty
przelatuje migając obok sklepu ze wszystkim—
klitki z szyldem: *szyldu nie ma, ale sklep jest.*
Trzech wyblakłych muszkieterów prowadzi ten interes.
Pełno tutaj paczek, pudeł, śrubek, sznurków, skrytek,
nawet kropka znajdzie haczyk, żeby stać się pytajnikiem.

This Evening, Underwater Light

This evening, underwater light in the glassy newspaper office.
A crimson maple in the courtyard shuffles its violet leaves.
Near the trendy shop selling sorbets of beet and tarragon
plus ice cream for dogs, a man hunched like Gollum is begging.
Windows not washed in forever, where old women
and cats stand guard, open wide. An enormous wolfhound
stalls on his paws before the pale green cube
of the animal clinic. And Mrs. Shaky, day after day,
beats a trail from her home to the Lotus Bar.
A homeless man pushes a pram piled with belongings.
A red light on a bicycle seat flies past,
flashing near a store that sells everything—
a warren of stands with the sign: *no sign, but we're open.*
Three faded musketeers run that business,
full of parcels, boxes, screws, twine, and cubbies,
where a dust speck will find a hook to form a question mark.

KK

Henry Moore

Znalazł korzeń wyrzucony przez fale
i zobaczył w nim matkę i dziecko,
jej ramiona, jego pulchne łapki
opływane ciepłym powietrzem.
Ono wspina się jak młoda foka
na jej brzuch, szeroki i słoneczny.

Znalazł korzeń wyrzucony przez fale
i zobaczył w nim ciało wojownika.
Żadnych znaków, które by mówiły
co go pokonało, o co walczył,
głowa zaraz uderzy o ziemię,
obok ciemna jak przerębel tarcza.

Znalazł kamień wyrzucony przez fale
z wydrążonym na wylot otworem,
schował się w nim drugi, mniejszy kamyk
jak ziarenko w mocnych objęciach,
ukryte w skale, świdrujące
oko wojownika, pępek niemowlęcia.

Henry Moore

He found a root discarded by waves
and saw in it a mother and child,
her arms, his pudgy little mitts
swathed in warm, orbiting air.
The child climbs like a seal pup
up the expanse of her sunlit stomach.

He found a root discarded by waves
and saw in it a warrior's form.
No mark by which to tell
why he fell, what he was fighting for,
head about to hit the ground
beside his shield, dark as a hole in ice.

He found a stone discarded by waves
with a shaft drilled clean through,
and hiding in it another smaller stone
like a seed in a strong embrace
implicit in the rock, piercing
eye of a warrior, navel of an infant son.

MR

Imiona

Lato, sezon arbuzów.
I twoja o nich opowieść:
dzieciństwo, dom opieki
dla nieuleczalnie chorych,
białe kornety szarytek
żeglujące w ogrodzie.
Twój dziadek, dyrektor domu,
hodował arbuzy w inspektach.
Przychodziły tam siostry
zaklepać sobie owoce
—jeszcze niedojrzałe
na pępowinach łodyg—
i każda pisała
starannymi literami
na wybranym arbuzie swoje imię.
Miały tu coś własnego,
czego zazdrośnie strzegły.
Arbuzy rosły, a z nimi
na zielono-pasiastej skórce
imiona, coraz większe.
Jakby się oderwały
od mniszek pielęgniarek,
noszone przez nie skromnie jak habity,
i żyły drugim życiem
soczystych owoców,
rozpychających się wśród liści.

Names

Summer, season of watermelons.
And your story about them:
childhood, a nursing home
for the incurably sick,
the white cornettes of the Sisters of Charity
sailing along in the garden.
Your grandpa, who ran the home,
grew watermelons in cold frames.
The sisters would come
to lay claim to the fruits
—as yet under-ripe
on their umbilical stems—
and in careful even letters,
upon the melon of her choice,
each would write her name.
Here they had something of their own,
which they jealously guarded.
The watermelons grew, and with them
on the green stripy skins
so did the names, ever bigger.
As if they had broken free
of the nursing nuns,
who wore them as modestly as their habits,
and were living a second life
as succulent fruits,
jostling for space among the leaves.

Czasem arbuzy pękały.
Szczelina szła przez imię.
Ukazywał się w środku
rubinowy miąższ.

Sometimes the watermelons burst.
A crack ran through the name.
And there inside appeared
the ruby-colored flesh.

ALJ

Cerkiew w Gruzji

Pięciu pieśniarzy napotkanych w drodze
zabiera nas ze sobą do średniowiecznej cerkwi.
Do niedawna była piękną ruiną,
lecz uznano, że trzeba ją odnowić.
Wjeżdżamy prosto w ryk buldożerów.
Nad nimi mury jak ze styropianu
i kopuła—pokryta świeżą farbką
gigantyczna wyciskarka do cytryn.
Zaglądamy do środka. Tam też remont.
Co nam zostaje? Obejść dookoła
tę budowlę, smutną jak stara kobieta
po operacji plastycznej, bez śladu zmarszczek.
Nagle jeden z pieśniarzy, który ma twarz jastrzębia
i włosy jak białe skrzydła, zaczyna śpiewać.
Przyłączają się inni. To jest ich modlitwa.
Okrążają cerkiew, znika warkot maszyn,
pięć potężnych głosów odbudowuje ciszę
i to, co było tutaj przed naprawą.
W tępej gładkiej fasadzie zjawiają się prześwity.
Są w nas, kiedy wracamy w kurz i zgiełk.

A Church in Georgia

Five songsters we happened to meet on the road
take us along to a medieval church.
Not long ago it was a lovely ruin,
which they deemed fit to restore.
We're driving straight into a roar of bulldozers.
Above them rise walls as if of styrofoam
and a cupola freshly coated in paint,
like a gigantic lemon squeezer.
We peek inside. Repairs in there too.
What's left for us? To go around
the building, as sad as an aging woman
after plastic surgery, devoid of any wrinkles.
Suddenly one of the songsters, whose face is like a hawk's
and whose hair is like white wings, starts to sing.
The others soon join in. This is their prayer.
They pace around the church, the clatter of motors ceases,
five resounding voices reconstruct the silence
and all that was here before the renovation.
In the smooth, blank façade appear chinks of light.
They're inside us, as we head back into the dust and noise.

ALJ

Ciemność powiek

Ciemność powiek rozpada się
na ciemność drewna, łyka, ciężkich ubrań.

Inne źrenice też już są.

Tak się otwiera oczy pierwszy raz?
Jakby się rozklejało cudzy list nad parą?

The Darkness of Eyelids

The darkness of eyelids breaks down
into the darkness of wood, jute, heavy clothing.

Now there are other pupils too.

Is this how eyes are opened the first time?
Like unsealing someone else's letter over steam?

ALJ

Nasz język

Kiedy mówisz *czy mogę jeszcze*
pospać, bo mam w sobie bryłę snu
i ona musi się roztopić
jak lód na wiosnę,

kiedy narzekam na zastój w pisaniu,
a ty radzisz *cierpliwości! ucz się jej ode mnie,*
na co ja, że to tak jakby się uczyć
wegetarianizmu od kota,

kiedy wspominamy naszą całonocną
jazdę w wietnamskie góry wytrząsaczem wspomnień,

albo jak w jednej z europejskich stolic
rozglądaliśmy się gwałtownie
za podwórkiem moczooddajnym,

kiedy spotykamy się w pół drogi
między moją a twoją sekluzją
i ruszamy na obchód dzielnicy, a w oknach
stare kobiety opierają łokcie
na poduszkach obserwacyjnych,

chcę wtedy wciągnąć nasz język na listę
zagrożonych języków mniejszości,

Our Language

When you say *can I sleep*
a little longer since this chunk
of dream has to melt in me
like ice in spring,

when I complain about a writing slump
and you counsel *Have patience, just like me!*
to which I say that's like learning
vegetarianism from a cat,

when we recall our all-night trip
in a shaker of memories to the Vietnamese mountains,

or how in a certain European capital,
we found ourselves looking urgently
for a pee-friendly courtyard,

when we meet halfway
between your solitude and mine
and make the rounds of the neighborhood
where old women prop elbows
on sentinel pillows,

I want to place what we speak on a list
of endangered minority languages

bo zna go tylko dwoje ludzi
i trudno go ochronić,
a równocześnie na listę najmocniejszych,
bo jak na razie chroni nas.

because only two people know it
and it's hard to preserve,
but also on a list of the strongest
because for now it shelters us.

KK

Rzeźby dla niewidomych

W muzeum sztuki, gdzie rządzi wzrok,
rzeźby dla niewidomych.
Te same, do których widzący
nie mogą podchodzić zbyt blisko:
stopa wysunięta za czerwoną linię,
wścibianie nosa w pustkę
po antycznym nosie—i alarm.
Wolno tylko patrzeć, aż się zmienisz
w kamienne gałki oczne na szypułkach
wydłubane z marmurowej greckiej głowy.
Ślepi oglądają je palcami.
Dotykają szramy
na brzuchu cykladzkiej dziewczyny,
walki smoków na odwrocie
koreańskiego lustra.
Co powstało tysiąc lat przed naszą erą,
lepią na nowo, mówią: kubek, dzban
i napełniają winem.
Uwolnione z gablot sznury paciorków-monet
stukają im w rękach o zyskach i stratach.
O szemranych transakcjach. Kołatka
oddaje im swój ciężar,
przypomina sobie drzwi.

Spróbuj je otworzyć po omacku—

Sculptures for the Blind

In the museum where vision rules
are sculptures for the blind —
the same ones the sighted
can't get close to:
let a foot creep past the red line,
or poke your nose into the hollow
of some ancient nose—alarms wail.
Only looking is allowed till you feel yourself turn
into those stone eyeballs on long stems
dug out of a Grecian marble head.
The blind view sculptures with their fingers—
trace a scar on the belly
of a Cycladic girl, the battle
of dragons on the backside
of a Korean mirror.
What arose thousands of years ago
they fashion anew, saying: pitcher, cup,
which they fill again with wine.
In their hands, strings of money-beads,
freed from the display, rattle gains and losses,
shady deals gone down.
A bronze knocker lends them its weight,
conjures a door.

Try to open it in the dark—

KK

Szary i rudy

W środku miasta, na skraju osiedla.
Gdzie asfaltową ścieżką idzie chłopak z psem,
a na ławce staruszka wyjmuje kefir z siatki.
Nad nimi one. Mieszkają blisko siebie,
ale w osobnych dziuplach. Nawet nie mrugną
na kłębiące się wokół kawki i wrony.

Jednego długo szukam wzrokiem.
Jest szary, w kolorze kory dębu, o, to on—
szczelnie wypełnia sobą owalną wnękę,
równocześnie ukryty i widoczny.
Nie przeszkadza mu, że słyszy stąd ulicę,
szum tramwajów, i że ma gniazdo tuż pod blokiem.
Posągowy jak bożek w ołtarzowej niszy
albo portret przodka w medalionie.
A na dębie obok, zobacz, drugi: rudy płomień
przycupnął na kikucie po ściętym konarze.

To on i ona. Nie znieśliby sąsiedztwa,
gdyby nie byli parą. Krążymy pod drzewami:
puchate głowy, dotąd nieruchome,
obracają się lekko i spod pierzastych brwi
śledzą nas zmrużone ciemne oczy.
Rudy i szary, cisza i dźwięk, ogień i popiół.
W dzień każde sennie czuwa, czujnie śni
z ostrzem dzioba wtulonym w miękkopióry pancerz.
Dopiero nocą w naszym śnie zrywają się do lotu.

Gray and Red

Right in the city, on the edge of public housing.
Where a boy and his dog come down the asphalt path,
and an old lady on a bench takes some kefir from her bag.
They perch above them. They live side by side,
but in separate hollows. They don't even blink
at the jackdaws and crows teeming around.

It takes me time to spy one out.
Speckled, the color of oak tree bark, oh, there he is—
snugly filling an oval cavity,
hidden and visible all at once.
The street noise, the tram roar doesn't bother him,
nor having his nest so close to the buildings.
Statuesque as an idol in an altar's niche
or an ancestor's portrait in a locket.
And on the oak next door, look, another: a tawny flame
perched on the stump of a sawn-off bough.

They're a he and a she. They couldn't bear to be neighbors
if they weren't a couple. We circle the trees:
the fluffy heads, motionless till now,
are gently revolving from under feathery brows
and dark, squinting eyes are watching us.
Gray and red, silence and sound, fire and ashes.
By day they sleepily keep watch, watchfully sleep,
their beak blades tucked into soft-downy armor.
Only by night do they take off and fly in our dreams.

ALJ

* * *

Ciepło i chłód, wiara i wątpienie
kłócą się we mnie jak Słońce i Księżyc o Ziemię.
Słońce uparcie okrągłe, Księżyc niedowarzony,
ciągną pokrowiec mórz każde w swoją stronę,
a woda waha się—powiedzieć tak
światłu nocy czy dnia?

Chyba że nagły promień połączy trójkę planet.
Księżyc w pełni lub w nowiu—żadnej połowiczności—
ustawi się ze Słońcem i Ziemią na osi,
dwaj rywale zjednoczą siły przyciągania—
oddech jest wtedy najgłębszy, rośnie najwyższa fala.

* * *

Heat and cold, faith and doubt
quarrel inside me like the Sun and Moon for the Earth.
The Sun stubbornly round, the Moon half-baked,
each pulls the mantle of the seas their way,
while the water vacillates—should I say yes
to the light of night or day?

Unless a sudden ray connects the trio of planets.
The Moon when full or new—no half measures—
aligns with the Sun and Earth on an axis,
the two rivals combine their forces of attraction—
then breath is at its deepest, the highest wave rises.

ALJ

Wczoraj widziałam psa na brzegu morza

Wczoraj widziałam psa na brzegu morza,
młodego czarnego psa, jak z rozpędu wpada do wody
i gryzie ją, i orze, a zaraz płoszy się, cofa,
kłusuje skrajem plaży—staje—skrada się—trąca nosem
bok fali, ostrożnie obwąchuje toń
i szturcha łapą, bodzie, drażni morze,
jakby zaczepiał ogromne stare zwierzę.

Weź go lepiej na smycz.
Nie trzeba, morze jest smyczą.

Wczoraj widziałam psa na brzegu morza:
próbował przegryźć srebrną linę wody,
zawracał w stronę wydm-wysypisk, galopował na parking.
Już doganiał papierowy kubek na pomoście,
już wyławiał z piasku jakiś ciemny przedmiot—
i wtedy morze ściągało go szarpnięciem,
i pies był błyskawicznie znów przy falach,
szarpiąc obrożę metalowych kropel.

Yesterday I Saw a Dog at the Tideline

Yesterday I saw a dog at the tideline,
a young, black dog, how he kept falling headlong into the water,
chomping and plowing through, then instantly scared, retreated,
trotted along the edge of the beach—stopped—crept—nosed
the fringe of a wave, gingerly sniffing the depths
and prodding with his paw, butting heads, teasing the sea
as if provoking a huge old animal.

Better put him on a leash.
No need: his leash is the sea.

Yesterday I saw a dog at the tideline.
He was trying to bite through the water's silver rope,
then turned toward the dune-dump, raced to the parking lot,
already catching up to the paper cup on the pier,
already fishing from the sand some dark object—
and then the sea yanked him back
and in a flash the dog was at the waves again
straining against his collar of metal drops.

MR

2

Bezsenny wiersz

Mieć kogoś, kto wie, że najlepiej
zasypia ci się na brzuchu.
I nie móc przez niego zasnąć.

Ważyć: ile ze sobą dzielicie,
a ile was dzieli? I jak dzieli—
jak język brzegi koperty,

które chciałby skleić?
Jak przemilczenie dobrą ciszę?
Jak strefy czasowe—kontynenty?

Jak fala stojąca między tym, co widoczne,
a wszystkim, co skryte?
Leżeć bezsennie (niech już będzie rano)

i powoli przesunąć się od ściany
na drugą krawędź łóżka,
w stronę otwartej na oścież ciemności.

Sleepless Poem

Having someone who knows that you fall
asleep best on your stomach.
And being unable to fall asleep because of him.

Wondering: how much do you share,
and how much keeps you apart? And in what way—
like a tongue on the edge of an envelope

it wants to seal?
As reticence divides good silence?
As time zones divide continents?

As a standing wave between what's visible
and all that's concealed?
Lying sleeplessly (wishing it were morning)

and slowly shifting from the wall
to the other side of the bed,
toward the wide open darkness.

ALJ

Oceanarium

Za szybą ryby suną jak bagaże na taśmie.
Barakuda i żarłacz obok spokojnych ławic
niby pasterze stada. Aż trudno uwierzyć:
nikt nikogo nie płoszy, nie goni, nie zjada.

Warunek tej harmonii to skryta izolacja.
Ogromny akwen dzielą przezroczyste ściany.
Leniwe drapieżniki krążą po innych trakcjach
niż ich siostry kruche jak tacki z porcelany.

W nas też iskierki światła sąsiadują z grozą,
radość bezczelnie błyska przed paszczą rekina,
która jej nie połyka—jakby się przyśniła.

Ale niepostrzeżenie od zielonej głębi
odrywa się i rośnie wydłużony cień,
i tnie najgrubsze szyby samotna ryba piła.

Oceanarium

Fish glide past behind the glass like bags on a carousel.
Barracuda and stingray alongside peaceful gobies
like the shepherds of the flock. It's hard to believe:
there's no one scaring the others, no chasing, no consuming.

The secret of this concord is hidden isolation.
The massive tank is split by see-through separators.
The languorous predators cruise through different sectors
from their sisters fragile as china tea-trays.

Sparks of light in us live side by side with menace.
Happiness brazenly flashes past gaping shark jaws,
yet they do not devour it—as if in a dream.

But unnoticed, from the dark-green depths
an elongated shadow rises and grows,
a solitary sawfish cutting through the thickest glazing.

ALJ

Security Questions

Jak najbliżsi nazywali cię w dzieciństwie?
W jakim mieście poznałaś / poznałeś swojego męża / żonę?
Na jakiej ulicy mieszkałaś / mieszkałeś w wieku ośmiu lat?
Imię twojej pierwszej miłości?

Takie pytania podsuwa mi system
na stronie ambasady USA.
Odpowiadam na jedno, żeby mieć hasło dostępu
i wypełnić online wniosek o wizę.

Są to pytania bezpieczeństwa, security questions.
Ale to też pytania niebezpieczeństwa,
budzą drapieżnika, czujnooką pamięć,
wędrującą własnymi ścieżkami.

Imię osoby, wobec której zawiniłaś / zawiniłeś?
Określ jednym wyrazem swój najskrytszy lęk.
Kiedy (podaj rok / miesiąc / dzień) zdarzyło ci się czekać
na kogoś, kto był wszystkim i nie przyszedł?

Twarze, miejsca, daty, poplątane głosy:
próbuję je rozsupłać, zamiast wypełniać wniosek.
A system o to nie dba. Żąda byle słowa
(nie musi być prawdziwe) żeby się zalogować.

Security Questions

What was your family nickname as a child?
In which city did you meet your husband/wife?
What street did you live on at the age of eight?
What was your first love's given name?

These are the sort of things I'm asked
on the US embassy website.
I answer a question just to get a password
and complete a visa application.

They're so-called security questions.
But they're also insecurity questions.
They rouse a predator, vigilant memory,
always going its own way.

The name of a person you've wronged?
Define in one word your most latent fear.
When (give year/month/day) did you find yourself waiting
for someone who meant everything but never arrived?

Faces, places, dates, a tangle of voices:
I'm trying to unknot them instead of completing the form.
But the system doesn't care. It demands any old words
(they don't have to be true) in order to log on.

ALJ

Geniza

Jak nie dość biegły skryba, który zrobił błąd
przy kreśleniu na pergaminie świętych liter,
tak ja potykałam się, uparcie pisząc
swoją pierwszą pieśń nad pieśniami.
Czułam, że jej nie przyjmie
ten, komu ją dedykuję.

Gdy skryba się pomyli,
pergaminu nie wolno wyrzucić.
Trafia do genizy—przechowalni pism
zbyt kulawych, żeby z nich korzystać,
lecz zawierających imię Boga.

Geniza w synagodze bywa niepozorną skrzynką
lub obszernym pokojem.
Ta, którą mam w sobie, czasami jest niewielka,
czasami ogromna,
zamknięte są w niej niespełnione piosenki.

Jak się do nich dostać? Jak się z nimi rozstać?
Zniszczonym pergaminom, gdy schowek jest już pełny,
wyprawia się uroczysty pogrzeb.
Albo gromadzą się i leżą zapomniane
i dopiero badacz—podróżnik
odkrywa genizę po wiekach.

Gdyby można tak otworzyć własną—
jak ktoś obcy, kto przychodzi z daleka.

Genizah

Just like a not quite expert scribe who makes a mistake
while copying sacred letters onto parchment,
I failed, willfully writing
my first song of songs.
I worried it was dedicated
to someone who would not accept it.

When the scribe makes an error,
he's not allowed to throw away the parchment.
It ends up in the genizah—storeroom of writings
too flawed to be used,
but containing the name of God.

A genizah in a synagogue can be an inconspicuous crate
or a spacious room.
The one in me is sometimes small
and sometimes huge
with all the unaccomplished songs locked inside.

How can they be reached? How parted with?
And when the storage space fills up, a ritual funeral is held
for the spoiled parchment.
Or they accumulate and lie forgotten
until a scholar—a traveler
uncovers the genizah centuries later.

If only it were possible to open up your own—
like a stranger who comes from afar.

* * *

Nie umiem mówić *my*, chyba że *my*
to myślnik między *ja* i *ty*,
który przewodzi iskrę, a czasami
jest przeciąganiem liny.
Nie umiem pisać *my*, chyba że *my*
to nawias dla nas dwojga, pokój, w którym śpimy,
z którego próbujemy wypędzić szerszenia.
Chyba że *my* to czworo naszych oczu:
śledzą, jak szerszeń chrobocze w kloszu lampy,
brązowy, w złote pręgi, zobacz, jaki piękny.
Nie umiem wpisać się w *my* większe
niż brzęczące, skrzydłami rysowane kręgi
wokół ciebie i mnie, które się przenikają
i rosną od nas, wędrują coraz dalej.

* * *

I cannot say *we*, not unless *we*
is a hyphen between *me* and *you*,
that carries across a spark, though sometimes
it's a tug of war.
I cannot write *we*, not unless *we*
is a bracket for the two of us, the room in which we sleep,
from which we're trying to drive out a hornet.
Not unless *we* is all four of our eyes:
they watch as the hornet scratches inside the lampshade,
it's brown with stripes of gold, see that—what a beauty.
I cannot write myself into a *we* greater
than buzzing, wing-inscribed circles
orbiting you and me, that intersect each other
and grow away from us, moving ever further.

ALJ

Kozy

Na dachach Kairu
pod talerzami anten satelitarnych
jak pod zastygłymi planetami
wydeptują własne orbity.

Zamiast elips—zygzaki
wśród odpadków, gruzu,
od betonowych bloków do koronkowych kopuł
średniowiecznych meczetów,
od nadbudówek z suszącym się praniem
do ruin domów po trzęsieniu ziemi,
od dachu, z którego patrzę, do innych,
gdzie jak co dzień krzątają się ludzie.

Kozy kairskie, wasze wścibskie ścieżki
oplatają gołębnik i opuszczoną ruderę.
W poszukiwaniu paru zwiędłych liści
łączycie *kiedyś z teraz*, pełnię i brak.

W dole ulice jazgoczą tysiącami klaksonów,
wyżej słychać modlitwy z minaretów,
a pomiędzy—
meczenie.

Goats

On the rooftops of Cairo
beneath satellite dishes
as if under ossified planets
they erode their own orbits.

Instead of ellipses—zigzags
through refuse and debris,
from concrete apartments to ornate domes
of medieval mosques,
from top floor additions, laundry out drying,
to houses left in ruins after the earthquake,
from this roof where I am watching, to others
with people, as on any day, bustling about.

Cairo goats, your meddling tracks
entangle the colorful dovecote and abandoned shack.
In your search for a few withered leaves
you connect *some day* with *now*, abundance with lack.

Streets clatter below with a thousand horns,
prayers sound from the high minarets,
and in between—
bleating.

MR

Mur

Mur ze starych kamieni
i mur z betonowych sztab.
Mur, który jest oparciem,
mur—uderzenie w twarz.

Przy jednym żołnierze i żołnierki
ślubują, modlą się, tańczą;
przy drugim dziewczyna w mundurze
krzyczy na muzułmankę.

W świętym murze kępy zieleni
wyrastają ze szczelin.
Żaden listek nie ożywia
muru, który dzieli.

Mur skandujący protest songi
we wściekłym języku graffiti.
Wielogłos karteczek ukrytych
w murze pełnym ciszy.

Wall

A wall of ancient stones
and a wall of vertical concrete bars.
A wall to lean the back against
and a wall that's a slap in the face.

At one, all the soldiers—men
and women—pledge, pray, dance;
at the other, a girl in uniform
yells at a Muslim vendor.

In the holy wall tufts of green
grow from the crevices.
But not a single leaf can vivify
the wall that only divides.

A wall that chants its protest songs
in the angry language of graffiti.
Chorus of hidden slips of paper
tucked in a wall full of silence.

MR

Hebrajski

Język, w którym pytanie
skąd jesteś brzmi tak samo
jak *czy jesteś*
z nicości.

W którym *rzeczownik* to *szem ecem*,
co znaczy *imię kości*.

Który przekleństwa wziął sobie z Biblii,
a że mu było mało, pożyczył z arabskiego,
jak pożycza się sól od sąsiadki,
a że mu ciągle było mało, podwędził to i owo
od imigrantów z Niemiec, Polski, Rosji.

Język objęty w swoim kraju
przymusową służbą wojskową:
ognisty wóz proroka Eliasza, *merkawa*,
stał się czołgiem i zamiast do nieba
ruszył na tę sąsiadkę od soli.

Język poety, który napisał wiersz o deszczu
na polu bitwy, padającym na twarze
przyjaciół—żywych i umarłych.

Język, w którym zdarzyło się to, co próbują
oddać przekłady: Bóg stworzył niebo i ziemię.

Hebrew

Language, in which the question
where are you from sounds like
are you
from nothingness.

In which noun is *shem etzem,*
or *name of bone.*

Its curses derive from the Bible,
and if those don't suffice, it borrows from Arabic
as one asks for salt from a neighbor,
and if those too are wanting, it pilfers
from German, Polish, and Russian immigrants.

Language bound up in its country
through mandatory army service:
Elijah's chariot of fire, *merkava,*
became a tank and moved against that salt-lending neighbor
instead of ascending to heaven.

Language of the poet who wrote about rain
on the battlefield, falling on the faces
of friends, living and dead.

Language that embraces what we try for
in translation: God created the heavens and the earth.

Który najpiękniej nazwał zamęt i bezład: *tohu wawohu*.
Którego pismo płynie pod prąd
pisma w moim języku,
ćwiczy mi rękę w innych początkach i końcach.

Lekcja. Zbiorowy coming out:
dlaczego się uczymy hebrajskiego.
Hania ma męża Izraelczyka.
Ja—przez wiersze Jehudy Amichaja.
Zosia—bo w rodzinie pół na pół chrześcijanie i Żydzi.
Robert mieszkał cztery lata w Tel Awiwie,
sprzedawał chałwę i chasydzkie kapelusze, stare łodzie
przerabiał na rybackie kutry dla kibuców.

Gorący, szorstki język.
Zanim zaczęliśmy go rozumieć,
wylizywał nas jak ślepe kocięta.

That invents apt names for bewilderment and chaos: *tohu va-vohu*.
Language whose writing swims against the current
of my own, who teaches my hand
new beginnings and endings.

In class, a collective "coming out":
why are we learning Hebrew?
Hania has an Israeli husband.
I, thanks to Yehuda Amichai's poems.
Zosia—from a family half Christian, half Jewish.
Robert who lived four years in Tel Aviv,
sold halvah and Hassidic hats, converted old boats
into fishing trawlers for kibbutzes.

Tongue so warm and rough,
it licked us like blind kittens
before we could understand it.

KK

Hila

Ścięła warkocz sięgający kolan.
Rzuciła pracę nauczycielki gry na flecie
w beduińskiej szkole na pustyni.
Zwinęła gniewne transparenty. Wyjechała.
Nie odcięła się tylko od języka.

Czyta w nim, odkąd skończyła dwa lata.
W wieku sześciu lat zaczęła pisać wiersze.

Mówi w tym języku do ciepłolubnych kwiatów,
które przywiozła z Tel Awiwu do Berlina
i ozdobiła nimi dom swojej dziewczyny.
Całą zimę przestawia je w pogoni
za skąpym słońcem.

W tym języku usłyszała od rodziców:
nie mamy już córki.
W tym języku istnieje słowo *sziwa*—
siedmiodniowa żałoba po najbliższych.
Rodzice Hili odprawili sziwę
po jej starszym bracie, który zabił się w armii.
Teraz—mówi Hila, gdy pijemy kawę
w knajpce na Kreuzbergu—ojciec
odprawia sziwę po mnie.

Hila

She cut off the braid that reached her knees
and left her job as a flute teacher
in a Bedouin school in the desert.
She rolled up angry banners. And packed her bags.
Only keeping her language.

She's been reading in it since she was two.
At six, she began writing poems.

She speaks in that language to her heat-loving flowers,
which she brought from Tel Aviv to Berlin
to adorn her girlfriend's house.
The whole winter she shifts them around
to chase the scarce sunlight.

In that language her parents said:
we no longer have a daughter.
In that language the word *shiva* exists—
seven days of mourning for those closest.
Hila's parents sat shiva for her older brother,
who killed himself in the army.
Now, Hila tells me as we drink coffee
in a Kreuzberg café, my father
is sitting shiva for me.

Hilę zwolniono od służby w armii.
Studiowała historię i muzykę.
Najbardziej własną muzykę
znalazła w języku hebrajskim.

2.

Rodzice Hili, dzieci Szoa, emigrowali
z Rumunii do Palestyny.
W hebrajski weszli jak do domu,
który dopiero trzeba sobie wybudować.

Hila, ich najmłodsze, późne dziecko,
urodzone w państwie Izrael,
wypisała swój język z państwa
i zabrała go jak namiot na wędrówkę.

Hila was exempted from the service.
She studied history and music.
She found the melody of her own words
in the rhythms of Hebrew.

· 2.

Hila's parents, children of the Shoah, emigrated
from Romania to Palestine.
In Hebrew they found a home,
which later they would have to construct.

Hila, their youngest, a late child
born in the state of Israel,
tore her language from that country
and took it like a tent on her trek.

KK

Portierzy

Za szklanymi drzwiami—oni, nieprzejrzyści.
Przy drzwiach obrotowych—oni, nieobrotni.
Przy szemranych bramach—oni, cisi.
W otwartych na oścież—oni, skryci.

Uchodźcy przeważnie, ze zbyt pięknych światów.
Znawcy w dziedzinie drzwi i bram.
Do ilu musieli pukać, kołatać,
pod iloma koczować,
ile wyważyć, o ilu zapomnieć.

Teraz w garści złota gałka klamki,
pęk srebrzystych kluczy.
Kiedy przestają ziewać drzwi, ziewają portierzy,
drzwi ich budzą, drzwi kołyszą ich do snu,
drzwi za nich śnią.

Doormen

Behind glass doors—they stand, obscure.
At revolving doors—they stand, demure.
At dubious gates—they stand, forbidden.
In the wide open—they stand, hidden.

Mainly refugees from worlds too beautiful.
Experts on the domain of doors and gates.
How many they had to knock at and pull,
how many they had to camp at and wait,
how many batter down, how many turn away from.

Now gripping the golden knob of a door handle,
a band of silver keys.
When the door stops yawning, the doormen yawn,
the door wakes them, the door rocks them to sleep,
the door even dreams for them.

MR

* * *

Jesteśmy słownikiem. Nasze języki
spotykają się w drżących okładkach.
Tłumaczą ciało na duszę, duszę na ciało,
pragnienie, spełnienie na pot i nasienie.
Zamiast haseł w alfabetycznym porządku
alfabet na wolności, szeptane *o*, głośne *a*
i pomieszanie końcówek męskich i żeńskich.
Jakie imię mają dla mnie twoje palce?
Jak cię nazywa mój gorący brzuch?
Nasze oddechy—kartki wertowane
w poszukiwaniu nieznanych wyrazów
z których jakie ułoży się zdanie?

* * *

We are a dictionary. Our tongues
make contact inside trembling covers.
They translate body into soul, soul into body,
desire and fulfillment into sweat and semen.
Instead of entries in alphabetical order
the alphabet's set free, a whispered *o*, a noisy *a*,
and a mixture of masculine and feminine endings.
What name do your fingers have for me?
What does my burning belly call you?
Our breaths are like pages flipped
in search of unknown expressions—
what sort of sentence will they form?

ALJ

Dwie rzeźby

Byłam jak ta chuda na rydwanie.
Zaprzężonym prawie w nic—w jaskółkę.
Trzymałam lejce, widzialne tylko dla mnie.

I nagle je puściłam. Jak tamci z innej rzeźby,
tych dwoje w pocałunku, staliśmy się jednym:
złączone skrzydła drzwi w domu bez ścian.

Ale chuda wróciła i znów we mnie powozi.
Wchodzi między nas jej ostry cień,
przynosi piach, przeciąg i burze.

Boję się, że przez nią ciebie stracę.
Mówi mi, że bez niej nie mogę ciebie mieć.
I pokazuje tnące powietrze skrzydła jaskółki.

Two Sculptures

I used to be like that slender woman in a chariot.
Harnessed to nearly nothing—to a swallow's wing.
I kept hold of the reins, visible only to me.

Then suddenly I let go. Like those other figures
sculpted in a kiss, we became one:
joined leaves of a door in a house without walls.

But the slender woman returned and drives again
inside me. Her sharp shadow comes between us,
bringing sand, a draft and stormy weather.

I fear that I'll lose you because of her. She keeps
telling me that, without her, I can't have you.
And she points to the wings that are cutting the air.

MR

Dziewczyna w muzułmańskiej chustce

W jerozolimskim hostelu sprzątała dziewczyna
owinięta muzułmańską chustką.
Jasna karnacja, lekko zadarty nos
zdradzały, że nie jest Arabką;
po angielsku mówiła tak naturalnie,
że nikt nie wątpił—to jej rodzinny język.
Zgadywaliśmy: Amerykanka?
Krążyły plotki, że Irlandka.
Ona, spytana skąd pochodzi, ucinała: z wielu miejsc.
Zawsze w czerni, okutana dokładnie,
najmniejszy kosmyk włosów nie miał szansy się wymknąć,
szyja zakryta, spódnica do ziemi.
Rozmawiałam z nią czasem. Przyjazna, spostrzegawcza,
chętnie opowiadała o tutejszym życiu,
lecz każdy temat był chustą, zasłoną
pozwalającą jej milczeć o sobie.
Odzywała się tylko do kobiet.
Mężczyznom nie patrzyła w oczy.
Stale czujna jak półdzika kotka,
która nie da się dotknąć,
ale szuka przetrwania u ludzi.

Girl in Hijab

There was a girl in Jerusalem who cleaned
the hostel wrapped in a hijab.
Her fair complexion, slightly upturned nose
betrayed that she was not an Arab;
she spoke so fluently in English
that no one doubted it was her native tongue.
We all kept guessing: American?
Rumors circulated she was Irish.
But she, when asked, cut in: I'm from a lot of places.
Always in black, thoroughly covered,
the smallest strand of hair could not escape,
neck protected, skirt to the ground.
I spoke to her a few times. Friendly, perceptive,
she talked openly of local life,
but every topic was a scarf, a veil
allowing silence about herself.
She only spoke to women.
Men she would not look in the eye.
Constantly alert like a semi-feral cat
that will not let itself be touched
but keeps searching for survival among people.

MR

Bajka o jeżach

Piszesz mi o pewnym oswojonym jeżu,
który zakochał się w ryżowej szczotce.

Zamknięty w czterech ścianach znalazł tego kogoś
jak on i nie jak on, inność i pokrewieństwo.

Ile się wokół niej natupał, zanim pojął,
że inność ma przewagę nie do pokonania.

A ile my tupiemy wokół siebie,
najpierw oczarowane sobą dzikie jeże,

później tak często z gniewem, że to drugie
jest na nas głuche jak rzecz. Albo sami

głuchniemy, drewniejemy. Uciekamy.
Chyba, że coś nas tknie: to mój prawdziwy jeż,

z którym chcę kluczyć choćby i bezsilnie
między tym, co podobne, a tym, co w nas inne.

A Tale About Hedgehogs

You wrote to me about a tame pet hedgehog
who fell in love with a scrubbing brush.

Shut inside four walls he'd found that special someone
like him and not like him, otherness and kinship.

How hard he pattered around it before he understood
that otherness has an advantage that cannot be overcome.

And how hard we've been pattering around each other,
at first like wild hedgehogs mutually enthralled,

later so often incensed that the other
is deaf as a thing to us. Or else we're the ones who

are going deaf, turning to wood. Always running away.
Unless something pricks us: that's my real hedgehog

with whom I want to keep dodging, however helplessly,
between what's the same and what's different about us.

ALJ

Białe krzesła

Codzienność w poezji niech będzie jak białe
plastikowe krzesła pod Ścianą Płaczu.
To na nich, nie w ozdobnych fotelach
modlą się starzy rabini,
czołami dotykając kamieni w murze.
Zwyczajne plastikowe krzesła—
wspinają się na nie kobiety i mężczyźni,
żeby siebie widzieć ponad dzielącą ich przegrodą.
I matka chłopca, który ma *bar micwę*,
wchodzi na krzesło i obsypuje cukierkami
syna żegnającego dzieciństwo.
Codzienność w poezji niech będzie jak te krzesła,
które znikają, żeby zrobić miejsce
dla tanecznego kręgu w szabatowy wieczór.

White Chairs

Let dailiness in poetry be like the white
plastic chairs by the Wailing Wall.
In them, not in showy armchairs,
the old rabbis pray,
foreheads touching the wall's stone.
Regular plastic chairs—
women and men climb up on them
to see each other over the partition.
And the mother of a boy celebrating his bar mitzvah
steps onto a chair and showers her son with candies
as he bids childhood goodbye.
Let dailiness in poetry be like these chairs,
which vanish to make room
for a circle dance on the Sabbath.

KK

3

Twarz mojego sąsiada

1.

Twarz mojego sąsiada, profesora,
któremu umarła żona,
stała się nagle naga, pozbawiona osłon.
Kiedy spotkałam go na podwórzu
i zaczął mówić niespodziewanie otwarcie,
ile rzeczy mu ją przypomina,
miałam wrażenie, że zobaczyłam jego twarz po raz pierwszy.

Jak ten dom naprzeciwko—
do niedawna osłaniał go wielki kasztanowiec,
ale burza złamała drzewo i trzeba było je ściąć.
I zanim brak zarośnie przyzwyczajeniem,
widzę okna domu, dziejące się w nich życie.

2.

Jasna koszula. Głowa rzymskiego patrycjusza.
Nienaruszalne miejsce parkingowe
pod murkiem, na którym po deszczu
parkują też ślimaki.
Długo myślałam: nienaganny pan,
idzie przez swoje poukładane życie
tak jak co rano przez podwórze.
Dałabym mu góra siedemdziesiąt lat.

The Face of My Neighbor

1.

The face of my neighbor, the professor,
whose wife had died,
suddenly became naked, deprived of a cover.
Whenever I ran into him in the yard
and he began to talk unexpectedly frankly
about all the things that reminded him of her,
I felt as if I were seeing his face for the very first time.

Like the house across the way —
till recently a large chestnut shielded it,
but a storm damaged the tree and it had to be cut down.
And before the gap is grown over by habituation,
I can see the windows, life happening within them.

2

A light-colored shirt. The head of a Roman patrician.
An inviolate parking space
by a low wall, where after the rain
snails do their parking too.
I thought about him: the perfect gentleman,
going through his well-ordered life
just as he goes through the yard each morning.
I'd have guessed he was seventy at most.

Ma osiemdziesiąt dwa, powiedział mi ostatnio,
i jako chłopiec był w warszawskim getcie.
Ojciec i brat zginęli. Ocalał on z matką.

Alina Szapocznikow pisała o chrzcie rozpaczy.
Ilu milczy o tym, że go przeszli.

He's eighty-two years old, he recently told me,
as a boy he was in the Warsaw ghetto.
His father and brother perished. He and his mother survived.

Alina Szapocznikow wrote about the baptism of despair.
How silent people are about what they've been through.

ALJ

Drewniana figurka garbatego dostojnika

Całe życie próbował swój wielbłądzi grzbiet
ukryć w blasku zasług i tytułów.

Zdobył wszelkie możliwe zaszczyty,
wśród nich miłość pięknej kobiety.

Wreszcie wspiął się tak wysoko,
że jak król miał prawo
przebrać się po śmierci w doskonałe ciało
spod dłuta słynnego artysty.

Mógłby iść przez wieki
prosty jak struna.

Ale kazał wyrzeźbić się z garbem.

Wooden Figure of a Hunchbacked Dignitary

All his life he tried to hide the dromedary
ridge within the splendor of distinctions and accolades.

He obtained all possible honors,
among them the love of a beautiful woman.

At last he climbed so high
he had the right, like a king,
to disguise himself after death in a perfect body
chiseled by a famous hand.

He could have gone on for ages,
straight pillar of strength.

But he asked to be carved this way.

MR

Rodzeństwo

Stara kobieta tańczy flamenco.
W jej wysiłku tli się dawna lekkość.
Jest wysoka, chuda jak zgarbiona czapla,
ma falbaniastą spódnicę, zapadnięte policzki.
Stara kobieta tańczy młodą,
która zginęła w czasie wojny.
Po występie zmywa makijaż, zdejmuje perukę
i suknię, wkłada spodnie, marynarkę
i staje się tym, kim jest poza sceną:
mężczyzną, bratem zabitej.
Stary mężczyzna wraca do domu.
Uwił go sobie ze strzępów przeszłości,
fotografii, afiszów i wycinków z gazet.
Wśród nich wszędzie suknie, które sam haftuje:
wielobarwne egzotyczne ptaki.
I portret siostry—stawia przy nim kwiaty.
Przed wojną jeździli po całej Europie,
słynny duet nastoletnich tancerzy.
Później getto, ucieczka, rozdzielenie.
Wytłumaczył sobie, że jeżeli przeżył,
to jedynie żeby wcielać się w nią w tańcu.
Stary tancerz zaparza herbatę.
Cisza. Pora wygaszonych świateł.
Za chwilę pójdzie spać, lecz przedtem, tak jak stał,
bez kostiumu i pudru, stepuje w progu kuchni
w rytm kościanego stukotu kastanietów.

Siblings

An aged woman dances flamenco.
In her effort a former lightness smolders.
She is tall and slender like a humpbacked heron,
her skirt has frills and ruffles, her cheeks are sunken.
This aged woman dances like she's still young,
a girl who perished during wartime.
After the show she wipes off the make-up, takes off the wig
and dress, then puts on pants and a jacket
and becomes the person she is off stage:
a male—the dead girl's brother.
The aged man goes back to his home.
He's woven it himself from scraps of the past,
photographs, posters and news clippings.
In between hang the dresses, which he sews by hand:
multicolored birds of paradise.
And his sister's portrait, fresh flowers beside it.
Before the war, they travelled through Europe,
a celebrated teenage dancing couple.
Then came the ghetto, escape, separation.
He told himself that if he survived
it was only to become her embodiment in dance.
The aged dancer brews a pot of tea.
Silence. It's time the lights went out.
He'll go to bed quite soon, but first, just as he is,
with no costume or powder, he tap dances in the kitchen doorway
to the beat of the bone-hard rattle of castanets.

ALJ

Rzeczy osobiste

Na balkonie wietrzy się pościel.
Już nie jej pościel.
Na już nie jej balkonie.
Najdelikatniejsze pierzyny jej mamy.
Która jest w obozie.
Cała rodzina jest w obozie
oprócz niej, ona może patrzeć na swój balkon,
już nie swój, w nie swoim domu.
Zajętym przez niemieckiego oficera.
I jego polską kochankę.
Która stoi przed nią w przedpokoju
i kręci głową.
—Oddam pani osobiste drobiazgi,
ale pościel zostaje.
Ciesz się dziecko, że nie było cię w mieszkaniu,
kiedy wszystkich aresztowali,
i że pozwoliłam ci tu przyjść
i wychodzisz stąd cała.

Personal Items

The bedding is airing on the balcony.
Not her bedding anymore.
Not her balcony anymore.
Her mother's finest eiderdowns.
Her mother who's in a camp.
The whole family is in a camp
apart from her, she can look at her balcony,
not hers anymore, in a home that's not hers.
Occupied by a German officer.
And his Polish lover.
Who stands before her in the hall
and shakes her head.
"I'll give you back some personal odds and ends,
but the bedding stays.
Be glad, child, you weren't in the apartment
when they arrested everyone,
and that I let you come here
and you're leaving in one piece."

ALJ

Głos babci

Prawie już nie widziała, źle słyszała,
ale jej głos widział i słyszał.
Nie odróżniała dnia od nocy.
W jej głosie było światło.

Odzywało się w nim kruche szóste dziecko
z rodziny urzędnika tramwajów warszawskich.
Dziewczynka prosząca o bajgla straganiarkę,
Żydówkę, co się drapała pod peruką.

Był w tym głosie głos młodej kobiety,
która miała więcej szczęścia niż rozumu,
jak na starość skwitowała swoje wojenne przeżycia.
Przeżycia czyli to, z czego wyszła żywa.
Z domu, gdzie chwilę później
gestapo zgarnęło jej matkę i brata.
Z podwórza, na które chwilę wcześniej
osaczony wyskoczył przez okno jej przyjaciel.
(Przybiegła rozpoznać ciało.
Niech pani stąd ucieka, ponaglał stróż.)
Z Sądów na Lesznie, dokąd nosiła pieniądze
panu Henrykowi w getcie.
Z łapanki na Nowym Świecie.
Z powstania.

Grandmother's Voice

Even when she could no longer see or hear,
her voice saw and heard.
She couldn't tell day from night,
but there was light in her voice.

In it you could hear the frail sixth child,
daughter of a clerk for Warsaw's streetcars.
Girl asking for a bagel from a market vendor,
a Jewish woman who scratched under her wig.

And also the voice of the young adult
who had more luck than sense,
as she catalogued her wartime escapades in old age.
Escapades—times she escaped with her life.
Her home, just before the Gestapo
swept up her mother and brother.
The courtyard, where a moment earlier her friend,
surrounded, had leapt from a window.
(She ran to identify the body,
but the watchman said, "Young lady, get out of here.")
The court on Leszno Street, where she brought cash
to Mr. Henry in the Ghetto.
The round-up on New World Street.
The Warsaw Uprising.

I był w tym głosie głos zakochanej.
Wyszła z domu trzaskając drzwiami.
Albo z nim zerwiesz, powiedziała jej matka, albo
nie pokazuj się na moim pogrzebie.
On: dwadzieścia lat od niej starszy,
rozwodnik, nauczyciel.
Trzasnęła drzwiami. A w innej części miasta
jej siostra wpadła w kocioł.
Następnego dnia drzwi były zaplombowane.

Głos tej z czasów po wojnie:
miała dwie małe córki, męża—
uwielbianego przez uczniów
belfra z groszową pensją,
mojego dziadka, którego nie znałam;

matkę i siostrę ocalałe z Auschwitz—
mieszkały z nimi pod jednym dachem;
pracę księgowej w ZAiKSie
i gdzieś jeszcze, dwa etaty,
byle związać koniec z końcem.
Raz w trakcie porządków niosła na śmietnik
rozchwierutany stołek z szufladą.
Posypały się pliki banknotów.
Tajny majątek dziadka.

Głos babci—spokojny jak wtedy, gdy drżąc,
dzieliła na czworo pośladek chorego męża,
żeby w zewnętrzną górną ćwiartkę wbić strzykawkę.

In her voice, you could also hear a woman in love.
The one who slammed the door on her way out.
Either break up with him, her mother said,
or don't show up at my funeral.
He: twenty years older and divorced,
a schoolteacher.
She slammed the door. And elsewhere in the city,
her sister fell into a trap.
The next day the door was sealed shut.

And, later, the voice of the postwar period:
she had two small daughters, a husband
beloved by his students, schoolmaster
with a meager salary, my grandfather
whom I never met; her mother

and sister rescued from Auschwitz,
who lived with them under one roof;
she kept books for the Union of Writers
and Stage Composers, and worked another job
to make ends meet. Once when cleaning house,
she hauled a rickety bench with a drawer to the trash.
Wads of banknotes spilled out—
grandfather's secret stash.

Grandmother's voice—calm as when with a trembling hand
she had pinched the buttock of her sick husband
as she gave him a shot up higher.

Głos babci z mojego wczesnego dzieciństwa:
leżała po operacji
i pozwoliła mi obejrzeć szwy na brzuchu,
bo ty zawsze chciałaś wszystko wiedzieć.

Głos praktykującej katoliczki
podszyty zwątpieniem.

I zdziwionej swoim wiekiem
osiemdziesięcio—
dziewięćdziesięcio—
a potem stulatki.
Wspominała, jak była z koleżanką
w Konstancinie, w pensjonacie ZAiKSu.
Do jadalni wszedł Tadeusz Różewicz.
Spojrzał na nie:
—Ale się postarzeliśmy, co?
Wszyscy troje wybuchnęli śmiechem.

Głos babci pełen ciszy
o bólu, lęku, rozchwierutanych stołkach.
Korciło mnie, żeby przełamać jej milczenie.
A kiedy pod koniec życia
sama zaczęła mówić,
to ja milczałam w odpowiedzi.

Grandmother's voice from my early childhood:
resting after the operation
she let me look at the stitches on her belly
because you always wanted to know everything.

The voice of a practicing Catholic
laced with doubt.

And that of a woman astonished
at reaching eighty,
ninety, and then
a hundred.
She recalled going with her friend
to the Writers' Union guesthouse in Konstancin.
Walking into the dining room,
Tadeusz Różewicz glanced at them:
"We're not getting any younger, are we?"
And the three of them burst out laughing.

My grandmother's voice full of silence
when it came to pain, fear, rickety benches.
I was tempted to break through her reticence.
But near the end of her life
when she started to speak on her own,
it was I who clammed up in response.

KK

Przewrócili ją na ulicy

Przewrócili ją na ulicy.
Niech teraz nie próbują
chować się w termometrze i pastylkach,
w koszulach, świeżych co rano, w miękkich kocach,
w ciepłych okładach, w różowym dzbanku z lodem.
Niech nie udają rąk które zmieniają pościel,
wiążą tasiemki na karku, pomagają się podnieść.
Niech przestaną nasyłać na nią ciche dni
i jasne wieczory,
nachodzić ją o świcie, budzić zapachem słońca
jak pieczonego nocą chleba.
Niech ktoś ich przepędzi, zanim chyłkiem zdążą
wsączyć siłę w nogi, czerwień w wargi,
aż ona sama wstanie, poprosi
o buty i sukienkę.

They Knocked Her Over in the Street

They knocked her over in the street.
Let them not now try
to hide in pills and thermometers,
in shirts fresh each morning, in soft blankets,
in warm compresses, in a pink pitcher of ice.
Let them not simulate hands that change bedclothes,
tie the tapes at the back of her neck, help her to her feet.
Let them stop sending her quiet days
and bright evenings,
intrude on her at dawn, wake her with the scent of sunshine
like bread baked at night.
Let someone drive them away before they slyly manage
to trickle strength into her legs, a blush into her lips,
until she stands up by herself, and asks
for her dress and shoes.

ALJ

Po wypadku

Ciało się zrosło,
pamięć nie.

Zostaw, nie łataj.

Pęknięty kolos
na pustyni
śpiewał
wiatrem w szczelinach.

Spojono kamień—
zamilkł.

After the Accident

The body has healed,
memory has not.

Let it be, don't mend it.

The cracked colossus
in the desert
once sang
with wind through its crevices.

Then stone was affixed to stone—
it fell silent.

MR

Słowa w powietrzu

Pośrodku skweru stoisko z plikiem czystych kartek.
Na sznurku zapisane kartki, przypięte klamerkami
jak schnące, świeżo wywołane zdjęcia.
Brodaty młodzian kręci się przy plakacie
z hasłem ZBIERAM WASZE HISTORIE.
Nikogo nie zaczepia. Nie musi. Ludzie sami
podchodzą i czytają, siadają, piszą.

Dziecko o dinozaurach. Dziewczyna
po kilku próbach samobójczych o tym,
że nie ukrywa już blizn na nadgarstkach.
Inna o włóczędze z muzyką w słuchawkach,
tak że wszystko jest pantomimą.
Czarny mężczyzna o poniżeniu.
Ktoś o chorobie. Zatrzymanej. Na razie.
Hinduska o tym, że miała aranżowane małżeństwo
i bardzo kocha męża, dorastali w różnych światach,
ale stworzyli wspólny.

Piszą, niektórzy pierwszy raz o sobie.
Jakby się nagle otwierali
przed obcym spotkanym w podróży.
Piszą anonimowo,
podpisują się własną historią.
Zbieracz tych opowieści zrobi z nich książkę, ale
zanim je przejrzy i przesieje, zanim
zatrzaśnie pod okładką, kołyszą się w powietrzu—

Words in the Air

In the square stands a booth with a sheaf of blank paper.
On a string hang sheets with writing, attached with clips,
like freshly developed photos, drying.
A bearded guy hovers by a sign
I'M COLLECTING YOUR STORIES.
He doesn't approach anyone. Doesn't have to.
They come to him to read and sit and write.

A child about dinosaurs. A young woman
who survived several suicide attempts
about how she no longer covers the scars on her wrists.
Another on how she walks with music in her headphones,
and everything is pantomime.
A Black man writes about oppression.
Someone else about his illness. That's in remission. For now.
A Hindu woman, that she had an arranged marriage,
and loves her husband very much: though they're from separate worlds,
they've managed to forge their own.

Some write for the first time about themselves.
As if they suddenly opened up
to a stranger while traveling.
They write anonymously:
their stories are their signatures.
The guy will collect them in a book,
but before he reviews and sifts through them, before
they're shut between covers, they sway in the air—

Spowiedź

Trzy z nas w roli księży.
Długa przerwa po wuefie. Przebieralnia.
Dziewczyny tłoczą się w kolejce, zgrzane
po grze w kosza, w dwa ognie,
przekrzykują się, licytują,
która ma więcej na sumieniu.
Krzesła to konfesjonały.
Klękamy przy oparciu.
Wpadają chłopcy z sąsiedniej przebieralni,
za nimi—dzieciaki z innych klas.
Szał w całej podstawówce. Gorączkowe
zmyślanie wyznań zamiast wyznawania zmyśleń,
kłamstw, win obcemu człowiekowi
za kratą ciemnej budki.
Pokuta: rozgryźć gorzkie
owoce jarzębiny,
kilka, garść, to zależy
jak ciężki grzech,
jak żywe bujdy o występkach, wyklute
z gadania dorosłych, ze śmiechu, z inwazji
obrazów podczas lekcyjnej śpiączki, z lęku,
kiedy budzisz się w nocy i patrzysz
w niebo między blokami.

Confession

Three of us pretend to be priests
during the long break after gym.
In the changing room girls jostle in lines,
flushed from basketball or dodgeball.
They shriek and compete
for who has the most sins.
The chairs become confessionals,
and we kneel before the backrests.
Boys drop in from the locker room next door,
followed by kids from other grades.
The entire school erupts
in a frenzy of false confessions instead
of confessing falsehoods to a stranger
behind the screen in a dark booth.
Our penance: chewing bitter
rowan-berries—
a few or a fistful depending
on the seriousness of the sin,
the liveliness of the yarns, pieced together
from adults' conversations, laughter, the onslaught
of images during drowsy lessons, the fears
when you wake at night and gaze
between buildings up at heaven.

Ile było takich dni: na boisku sprint,
w sali gimnastycznej rzut piłką lekarską,
a za ścianą wyścig na historie, improwizowane
lub kunsztownie ułożone wcześniej.
Nakryli nas. Skończyło się apelem,
naganą dyrektorki. Ksiądz katecheta grzmiał:
będziecie się spowiadać z tej spowiedzi!

How many such days: sprinting on the playground,
tossing a medicine ball in gym, and just beyond the wall
this contest of stories, improvised
or artistically arranged in advance.
Till they caught us. It ended with a reprimand
from the principal and the priest thundering,
"You'll have to confess that confession!"

KK

Wymiana okien

Szczupły brązowooki gość,
który montuje u mnie okna,
opowiada, jak wymieniał kiedyś
okna u starej kobiety:
dawnego typu, skrzynkowe
—już się nie domykały—
na nowe, superszczelne,
z regulowanym uchyłem,
prezent od wnuków
na zbliżające się mrozy.
Patrzyła, jak we dwóch wynoszą
z mieszkania pełnego pyłu
skrzydła zniszczonych okien.
Kiedy żył jej mąż,
on je malował, dbał o nie,
co roku naoliwiał.
A teraz—uwolnione,
ogołocone z zasłon,
tak lekkie w obcych rękach.
Wyobrażam ją sobie,
jak wyszła przed dom, czekała,
aż załadują wszystkie i odjadą,
a kiedy już ruszyli,
błysnęły w słońcu szyby
przez chwilę nieprzejrzyste.

Replacing Windows

The slim, brown-eyed guy
installing my windows
tells of a time he replaced
those at an old woman's house:
the bygone kind, box sash
—no longer able to fasten—
for the new, super tight type
with adjustable tilt,
a gift from her grandchildren
for the approaching cold.
She watched them take in two
wings of the worn-out windows
from her dusty rooms.
When her husband was alive,
he would paint them, see to upkeep,
oil them once a year.
And now—set free,
undressed from curtains,
so light in other hands.
I picture her, how she came
out of the house, waited
till they loaded everything and left,
and as they moved,
the glass flashed in the sun
just for a minute, obscure.

MR

Ślepe miejsce

Ślepe miejsce w pamięci
jest jak plama lęgowa u ptaka:

goła skóra na brzuchu
przykryta piórami,

w które czasem dmuchnie
wścibski ornitolog.

Blank Space

A blank space in memory
is like a bird's nesting spot:

bare skin on the belly
covered in feathers

where sometimes a prying
ornithologist will blow.

MR

Łóżko

W jego mieszkaniu wszystko dziś jest inne.
Większość okropnych empirowych mebli
to jedynie kopia, mniej lub bardziej wierna—
te, których używał, sprzedano kiedy umarł.
Pokoje w amfiladzie dawniej były pełne
głosów urojonych, proszących o wiersz,
teraz wszędzie cisza. Tylko mosiężne łóżko
jest autentycznym łóżkiem Kawafisa.

Także w jego mieście wszystko się zmieniło.
Nie znalazłby już pewnie tamtych ciemnych tawern,
mieszały się w nich greckie i egipskie twarze,
języków było tyle co na wieży Babel.
Został jeden, arabski, dla niego prawie obcy.
Wzdłuż ulic, gdzie czekali płatni chłopcy
ciągną się dziś kina i fastfoody. Tylko morze
szumi tak jak szumiało między dwoma cyplami
i jak dłonie w pościeli migają drobne łodzie.

Bed

Today in his apartment everything has changed.
The horrible empire furniture is all
imitation, though more or less correct—
those pieces he used were sold when he died.
The rooms of his flat, once filled
with phantom voices pleading for a poem,
now total silence. Nothing but the brass bed
can claim to be authentically Cavafy's.

Likewise in his city everything is different.
He could no longer find those dark taverns,
Greek and Egyptian faces mingling within,
as many languages as found at the Tower of Babel—
now only Arabic remains, the one so foreign to him.
Lining the street, where boys for hire once lingered,
now theaters and fast food joints extend. Only the sea
hums like it used to hum between two headlands,
and like hands amid sheets flicker two small boats.

MR

Pozowali za marne pieniądze

Pozowali za marne pieniądze. Plus dodatek za ściągnięcie majtek.
Wśród nich siwy dzieciak, stale ucieszony,
przez kwadrans—grecki heros, potem uciekał na piwo.
W pracowni albo oni marzli przy otwartych oknach,
albo my się dusiliśmy przy zamkniętych.
Ustawieni, usadzeni, wymodelowani, w krótkich przerwach masowali
                       sobie stopy,
przechadzali się po korytarzu w kurtkach narzuconych na bieliznę.
Pulchna anarchistka pod trzydziestkę żądała "pozy z książką"
i na tle draperii, goła, kuła do matury.
Nocny tancerz z niejasną kontuzją spinał każdy dygotliwy mięsień:
łatwiej było mu skamienieć w locie niż usiąść na krześle.
W krótkich przerwach pytali o ogień.
Paliliśmy razem na wypełzłej ławce,
na schodach, na parapetach.
I znów my do sztalug, oni na podesty.
Wiercili się, cierpli. Rozkasłana piękność
chrypiała: *inspirować się mną proszę, nie kopiować.*
Przychodziła też olbrzymka, stawała w rozkroku,
czapa włosów w świetle, twarz w cieniu.

They Posed for a Pittance

They posed for a pittance. Plus extra for taking off their drawers.
Among them a white-haired kid, permanently happy,
a Greek hero for fifteen minutes, then he ran off for a beer.
Either they froze in the studio with the windows open,
or we all suffocated with the windows shut.
Made to stand, made to sit, modeled, in the brief breaks they rubbed
                      their feet,
strolled along the corridor in jackets tossed over their shorts.
The chubby anarchist nearing thirty demanded "a pose with a book"
and against the drapery, naked, she crammed for high-school exams.
The night-club dancer with puzzling bruises secured every twitching muscle:
for him it was simpler to turn to stone in flight than to sit in a chair.
In the brief breaks they would ask for a light.
We'd smoke together on a faded bench,
on stairs, and on windowsills.
And then we'd return to our easels, they to their platforms.
They fidgeted, they went numb. In coughing fits the beauty
wheezed: *please be inspired by me, don't copy me.*
A giantess came too, she stood with legs astride,
her cap of hair in the light, her face in shadow.

ALJ

Strzyżenie

Rude gęste włosy mamy,
dziś rozbielone siwizną,
jaśnieją w pełni, kiedy są krótkie,
jak płomień świecy, który
gdy przyciąć knot—rośnie.

Popielate włosy taty
wokół szerokiej łysiny
trzymają się uparcie tuż przy skórze.
Im dalej od niej, tym zimniej wieje,
tym bliżej nic.

Strzygę ich. Mamę powoli:
w jej czuprynie nożyczki skaczą jak papużka,
co skubnie tu gałązkę, tam listek i zastyga,
wsłuchana w nasze gadanie.

Z tatą idzie szybko, maszynką elektryczną
w milczeniu masuję przemęczoną głowę.

Na podłodze zmieszane kosmyki.
Pomyśleć: oni razem, ponad trzydzieści lat.
A przecież wiem, że nocą
on wtula się w złoty las,
jej piegowate ramiona
obejmują jego lęk.

The Trim

My mom's thick red hair,
now lightened with gray,
shines fully when short,
like the wick of a candle,
clipped to make the flame grow.

My dad's ashen hair
around a wide bald spot
sticks stubbornly close to the skin.
The further away, the colder wind blows,
the closer it is to nothing.

I give them both a trim. Mom slowly:
in her mop the scissors jump like a parakeet
that tugs at a twig here, a small leaf there, then freezes,
gripped by our gossip.

Dad's goes quickly, in silence with an electric razor
as I massage his exhausted head.

Strands in random tangle on the floor.
Just think: together, more than thirty years.
And I know that at night
he nestles into a golden forest,
and her freckled arms
embrace his fear.

MR

Relief

Rok bycia z tobą. Przypominam sobie skalny relief,
zatarty, widać tylko człowieka w tunice—
krzepka postać wędrowca, taka żywa,
lecz zaplątana w gąszcz niejasnych linii, kalekich form.

Coś wyrasta z barku, jakby druga głowa?
A ukosem z biodra, koślawa trzecia noga?
To hybryda, demon? A ta bruzda, która przecina tors?

Nagle odgadujesz: to są lejce,
wędrowiec prowadzi juczne zwierzę,
dalej inne zwierzęta i ludzie, cała karawana.

Dokąd ona szła? Dawno weszła w skałę.
Nasza dopiero wychodzi ze skały.
Pierwszy rok się wynurzył —i gdyby był sam jeden,
może nie mąciłaby go żadna bruzda.
Ale zobacz, on prowadzi przyszłe dni,
otaczają go, wybiegają naprzód, proszą o kształt.

Relief

A year of being with you. I remember that rock-cut relief,
worn away to only a man in a tunic—
the brawny figure of a wanderer, so alive
but entangled in a maze of vague lines, broken shapes.

Is something growing like a second head from his shoulder?
And what's that slanting from the hip? A crooked extra leg?
Is he a hybrid, demon? And this slash cutting the torso in half?

Suddenly you solve it: these are the reins,
the wanderer is leading a beast of burden,
further on other animals and people, a whole caravan.

Where were they going? They entered the rock ages ago.
But our caravan only just came out of stone.
The very first year emerged from the surface—and if all by itself,
at least not a single slash disturbed it.
And look, it's leading the days to come
that surround it, that go dashing ahead, asking for a form.

MR

4

U zbiegu ulic

U zbiegu wąskich ruchliwych ulic
—jedna, stroma jak wodospad,
z impetem wdziera się w nurt drugiej—
zmęczeni, głodni, robimy postój.

W rozjarzonym oknie baru sprzedawca
potrząsa solniczką jak kropidłem
nad papierową torbą z plastrami bakłażana
i kwiatami cukinii w gorącym cieście.

Chrupki róg obfitości! Siadamy przed barem
na szczudlastych stołkach wśród śmieci
i patrzymy na ludzi. Kobiety na skuterach,
w tłumie pieszych, obwieszone dziećmi jak małpkami,

stadko nastolatek na wieczornych łowach,
ich odkryte pępki, czujne celowniki.
Emigranci: smukli jak drzewa Afrykańczycy
(miejscowi przy nich to przysadziste krzewy)

i Pakistanki, mają znużenie w oczach,
niosą w zgiełku ciszę. U zbiegu ulic
radość, że zbiegają się nasze spojrzenia,
rozwidlają się, łączą, osobne i splecione.

At the Crossroads

At the crossroads of narrow, busy streets
—one of them, steep as a waterfall,
forces its way into the other's current—
weary and hungry, we're making a stop.

In a bar's brightly lit window the server
shakes a salt cellar like a censer
over a paper bag of eggplant slices
and zucchini flowers in hot batter.

The crispy horn of plenty! We're sitting at the bar
on stilt-like stools amid the trash
and we're watching the people. Women on scooters,
in a crowd of pedestrians, hung about with kids like baby monkeys,

a gaggle of teenage girls on their evening hunt,
their navels exposed, their sights cocked.
Immigrants: African men slender as trees
(beside them the locals are stocky little bushes)

and Pakistani women, with languor in their eyes,
bearing silence in the jangle. At the crossroads
there's joy as our lines of vision cross,
fork apart, and unite, both interlaced and separate.

Ty widzisz warstwy, stany, plemiona,
ja wyławiam poszczególne twarze,
jakbyśmy razem malowali obraz.
I mamy wspólny dom w tych obrazach.

You see strata, tribes and nations,
I fish out the individual faces,
as if we were jointly painting a picture.
And we've a common home in these pictures.

ALJ

W bocznej sali

Ten obraz nie nadaje się na kubek ani magnes.
Bo kto chciałby pić kawę, patrząc na żebraków
albo na drzwiach lodówki mieć ich *danse macabre*.
Zbici w krąg, o kulach, drewniane protezy
przywiązane rzemieniem do kikutów nóg.
I te białe kaftany, na których dyndają
wyliniałe ogony – lisów, tchórzofretek?
Co to, parodia gronostajowych płaszczy?
Jeden z nich jest ryży, łypią sprytne ślepka,
inny łapie powietrze rybimi ustami.
A na głowach korony i czapki z papieru.
Ten obraz nie jest większy niż otwarty zeszyt.
Nie prowadzą do niego muzealne strzałki.
Trzeba się zgubić, żeby odkryć go w bocznej salce,
z której właśnie wychodzi młody Koreańczyk
z miną: nic tutaj ciekawego. Sina trawa,
mur szpitala? przytułku? w kolorze lisiej sierści,
szare niebo i brama, a za nią nikogo.
Tylko postać w opończy, z pustą miską w ręce
mija garść obszarpańców, kulawy karnawał,
i zostawia cię z nimi sam na sam.

In a Side Room

This picture's not fit for a mug or a magnet.
Who'd want to drink coffee while gazing at beggars,
or have their *danse macabre* on the freezer door?
Tightly packed, on crutches, wooden prostheses
tied with straps to stumps of legs.
And those short white tunics, from which dangle
the balding tails of—foxes? polecats?
What's this, a parody of ermine cloaks?
One of them's a redhead, his sly little eyes glaring,
another gasps for air with a fish-like mouth.
And on their heads paper hats and crowns.
This picture is no bigger than an open notebook.
No arrows point the way.
You have to get lost to find it in a side room,
which a young Korean is just on the point of leaving;
his face says nothing of interest here. Grass that's blue,
a hospital wall? a refuge? the color of a fox's coat,
the gray sky and a gate, with nobody beyond it.
Just a figure in a mantle, holding an empty bowl,
passes the ragtag band, the carnival of cripples,
and leaves you behind with them, one on one.

ALJ

Gość z Leicą

Był nimi wszystkimi:

dziewczynką wdrapującą się na mur,

posępnym zgarbionym mężczyzną,
który moknie na ławce,
nie szukając schronienia,

grecką praczką w podartym fartuchu,
co uniosła kijankę nad głowę
jak Herkules maczugę.

Był nimi i był obok, wędrował, podpatrywał,
cierpliwy, szybki, skromny i bezczelny.
W lizbońskim kościele sfotografował spowiedź
tak, że słychać szept wyznawanej winy.

Ile wiedział o ludziach,
znać też po tym, jak pokazywał bezludzie:
drzewo na śniegu, pocięte,
które zachowało swój kształt,
mokradła, gdzie jakiś Charon
porzucił dziurawą łódź.

Parady, ceremonie, oficjalne święta—
jego obiektyw nurkował wtedy w tłumie gapiów.

Guy with Leica Camera

He became all of them:

the girl climbing over the wall,

the somber man hunched forward
getting wet on a bench,
not looking for shelter,

the Greek woman in ripped apron
lifting a washing paddle above her head
like Hercules with his club.

He became them and stayed aside, roaming, watching,
patient, fast, unassuming and unabashed.
At a Lisbon church he photographed confession
so you can hear the whisper of guilt professed.

You can see how much he knew about people
by way of his portraits of wilderness,
a tree in snow, cut down
but holding its shape,
wetlands where any old Charon
had abandoned his leaky boat.

Parades, ceremonies, official celebrations—
his lens diving then in crowds of gawkers.

Bo co opowie lepiej koronację króla
niż binokle tyczkowatej damy,
którą dwaj dżentelmeni wzięli na ramiona,
by wyciągając szyję, mogła widzieć?

For what could better tell the king's coronation
than the pince-nez of a lanky lady
held aloft on the shoulders of two gentlemen
so that, craning her neck, she would be able to see?

MR

Etna

Mówisz: *trzeba wejść na Etnę,*
żeby zobaczyć pożegnanie z matką.
Idziemy krętym szlakiem turystycznych dżipów
wśród hałd szarej, czarnej, błękitnawej lawy,
zbierasz z pobocza kamyki,
jakbyś znajdował jej ślady.
Taki właśnie pejzaż mi się śnił:
wspinała się po żwirze, gruzie skalnym,
teraz widzę: tamto gołoborze to był stok wulkanu.
Odbijamy od drogi. Stopy grzęzną w pyle.
Gdzieniegdzie świeci strzęp śniegu. Coraz zimniej.
Smugi dymu z kraterów mieszają się z chmurami,
wspomnienie z tym co przed nami.
Nie byłem przy jej śmierci. Dopiero ten sen.
Jakby chciała, żebym mógł ją odprowadzić.
Zanim znikła za granią, odwróciła się do mnie
z gestem dłoni, który mówił: nie smuć się.
Wąską ścieżką wchodzimy na krawędź krateru.
Wyszczerbiona, parująca misa.
Przystajesz i sięgasz zgrabiałymi palcami
po jeszcze jeden kamyk.

Etna

You say: *I have to go to Etna*
to bid farewell to my mother.
We take the winding way where tourist jeeps go
through the slag heaps of gray, black, bluish lava,
you collect pebbles along the shoulder
as if discovering traces of her.
I had a dream about a landscape like this:
she was working her way up the gravel and rock debris,
now I see: that rubble was the slope of a volcano.
We turn off the road. Our feet get stuck in the dust.
Here and there a scrap of snow glistens. Colder, colder.
Streaks of smoke from the crater blend with the clouds,
memories with what lies in front of us.
I wasn't there at her death. Just this dream.
Sort of like she wanted me to escort her.
Before she vanished over the mountain ridge, she turned to me
with a gesture that said: don't be sad.
We enter the narrow track at crater's edge.
Chipped, steaming basin.
You stop and reach with numb fingers
for one last pebble.

MR

Miasto umarłych

Na sznurach rozciągniętych między nagrobkami
kobieta wiesza świeżo upraną bieliznę.
Podnosi ręce jak w niemym lamencie,
żeby przypiąć klamerką majtki czy koszulę.
Halki, prześcieradła tańczą wśród kamieni.
Wokół mauzolea, w których żyją ludzie:
sublokatorzy umarłych i stróże ich spokoju.
Wszędzie tupot dzieci,
grają w piłkę, groby to ich bramki.
Matka woła je na obiad, a jej głos
miesza się z trwającą w kaplicy modlitwą.
Słońce. Kurz pustyni. Bielizna schnie szybko,
wiejąc resztką wilgoci na cmentarną ziemię.
Przed drzwiami mauzoleów sąsiedzi przy herbacie,
spędzają popołudnia w skąpym cieniu grobów,
przywiązani do nich tak jak sznury z praniem.

City of the Dead

On clotheslines stretched between the tombstones
a woman hangs her freshly laundered linen.
Her arms are raised as if in mute lament
to pin up a pair of panties or a T-shirt.
Petticoats and bed sheets dance among the graves.
Around stand mausolea, with people living inside:
the lodgers of the dead and sentries of their repose.
The non-stop patter of children
playing soccer, with tombs as their goalposts.
A mother calls them to dinner, and her voice
mixes with prayer from the chapel.
Sunlight. Dust of the desert. The clothes dry quickly,
wafting the dregs of moisture onto the graveyard earth,
In the doorways of mausolea neighbors sit at tea,
spending their afternoons in the meager shade of tombs,
tethered to them like clotheslines.

ALJ

* * *

W dzieciństwie stawałam w otwartych drzwiach, a któreś z rodziców
przykładało linijkę do mojej głowy,
ołówkiem zaznaczało kreskę na framudze.

Później były inne drzwi, w których stawiała mnie ambicja.
Rysując ostrą krechę, sprawdzała ile urosłam.

Teraz ty mnie mierzysz, a ja ciebie.
Dwie poziome drżące kreski—
nasze ciała

wtulają się w siebie, wnikają
i nie ma wyżej, niżej, nie ma miar.

* * *

As a child I would stand in an open doorway, while one of my parents
set a ruler to my head,
and marked a line in pencil on the doorframe.

Later there were other doorways, in which ambition made me stand.
Drawing a sharp line, it would test how much I had grown.

Now you're measuring me, and I'm measuring you.
Two horizontal trembling lines—
our bodies

nestle into each other, penetrate
and there's no higher or lower, there are no measures.

ALJ

Kule na wodzie

Gdy o nas myślę, przypominam sobie
zabawę modną ostatnio nad morzem:
ludzie zamknięci w nadmuchanych kulach
próbują chodzić po wodzie.

Tak było z nami—każde w swojej bańce,
lecz zamiast śmiechu wstyd, że nie umiemy
zrobić ku sobie kroku bez potknięcia,
ukryć, że najdrobniejszy gest to walka.

Chwiejąc się, obijając o ściany,
udawaliśmy parę akrobatów,
jedno przed drugim grało kapitana
samowystarczalnego statku.

Mogliśmy starać się rozerwać plastik
choćby desperackim, niezdarnym ruchem,
lecz gdyby się udało? Tego przecież
bardziej się baliśmy niż porażki.

Myśląc o nas, widzę tamtych ludzi:
bańki, w których byli, miały sznurki,
by ściągnąć je na brzeg, jeśli zabraknie
powietrza albo zabawa się znudzi.

Water Walking Balls

When I think of us, I recall
the latest trendy pastime at the beach:
people enclosed in huge blow-up balls
trying to walk on water.

So it was with us—each in our own bubble,
not laughing but rather ashamed and unable
to step toward each other without stumbling
or to hide how the slightest gesture is a struggle.

Tottering, knocking against walls,
we pretended to be acrobats.
One against the other played captain
of a self-sufficient ship.

We could have tried to burst the plastic,
even with a desperate, clumsy slip.
But what if it worked? This, after all,
we feared far more than failure.

Thinking of us, I see people over there:
the bubbles that held them had strings
to pull them ashore if they ran out
of air or grew tired of the game.

MR

Ścieżki dźwiękowe

1.

W krajach, gdzie dubbinguje się zagraniczne filmy,
światowa gwiazda i jej lokalny głos,
zawsze ten sam, tworzą symbiozę
do końca życia gwiazdy albo głosu.
Co dzieje się, kiedy umiera gwiazda?
Głos traci twarz i wraca z ekranu na ziemię?
Bez pracy, nieswój w swoim pierwotnym ciele,
w którym mówi się zgodnie z ruchem warg?
A gdy umiera głos? Znajdują nowy,
tak podobny, że prawie nie słychać różnicy?
Ale słychać spoza ścieżki dźwiękowej
obcy język, którego nie da się wyciszyć.

2.

Nagrane *u–hu... u–huhuhuu...* puszczyka
wabi puszczyka z krwi i kości.
Wywabia go z lasu, skrzydlatą plamę cienia,
kocio bezszelestną na jasnym jeszcze niebie,
szybującą niespokojnie wte i wewte.
Oszukany, szuka czegoś, czego nie ma,
żebyśmy przez chwilę mieli jak na dłoni
jego ptasie *jest*.

Soundtracks

In countries where they dub foreign films,
an international star and her local voice
form a relationship that never changes
as long as the star and her voice are alive.
So what happens when the star dies?
When her voice loses its face and slinks from the screen
back to earth. Where it's unemployed, awkward
in its original body, speaking in sync with its lips.
And when the voice dies? They find a new one,
so similar you hardly hear the difference.
But beyond the soundtrack you detect the thrum
of the foreign language, which can't be turned down.

2.

The recorded *hoo uh-hoo hoo* of the tawny owl
fools the owl of flesh and feather.
Lures him from the woods, trailing the winged stain
of shadow, soundless in the still light sky,
gliding fitfully to and fro.
Deceived, he seeks something not there
so for just a moment we could have
his birdy self before us.

3.

Bezdźwięczne
przełożone na dźwięk.
Detektory wychwyciły drganie
fal grawitacyjnych jako *ćwierk*.
Spadające na siebie czarne dziury
tak ćwierknęły, stapiając się w jedną;
zaśpiewały jak ptaki. Nie, nie wtedy,
kiedy nie było ptaków, uszu ani *kiedy*,
tylko po wiekach wieków, setki megaparseków
stamtąd. Tam—zderzenie. Eksplozja bez świadków.
Nowy wspólny horyzont dla niczyich oczu.
Ćwiek zabity miliardowi lat świetlnych.
Bezdźwięcznie. Przełożony na ćwierk
sygnał prazdarzenia dotarł właśnie teraz
w dopiero co otwarte dla niego ramiona.
I otwiera je szerzej. Dla?

3.

The soundless
gets translated into sound.
Radio detectors pick up the pulse
of gravitational waves as a series of *chirps*.
Black holes collapsing into each other
chirped so much, so shrilly,
they sounded like birds. No, not at that time
when there were no birds or ears or *when*,
eons later, hundreds of megaparsecs
hence from that collision, an explosion without witnesses.
A new horizon unfurling with no one to see.
A peg pounded into a billion light years
without a sound. Translated into a chirp,
the signal of that Ur-occurrence arrived only now
to arms newly open.
Which will open wider still. For whom?

KK

Judyta

Znudzone sobą małżeństwo aktorów
przy pełnej sali odbębniało kwestie
Oblubienicy i Oblubieńca
z Pieśni nad Pieśniami.
Pamiętasz ich? Ja tak nie chcę.
Już wolę w wierszu uciąć ci głowę
jak Judyta Holofernesowi
i z nieco teatralną mieszaniną
strachu i gniewu i rozżalenia patrzeć
na miecz w jaskrawych strugach krwi,
który jakoś nie potrafi
opuścić twojego ciała.

Judith

A bored married couple of actors
rattle off their lines in front of a full hall,
Bride and Bridegroom
from the Song of Songs.
Do you remember? I don't want it that way:
I prefer instead to sever your head in verse
like Judith did Holofernes
and with a rather dramatic blend
of fear and anger and resentment to look
at the sword, in bright streams of blood,
that somehow cannot
withdraw from your body.

MR

Szmaragdolotki

Tam gdzie, zdawałoby się, nic nie może oddychać,
w czynnym kraterze wulkanu pełnym trujących wyziewów,
mieszkają papużki—szmaragdolotki.
Bezwietrzne popielisko to ich teren lęgowy.
Kopią jamy w osuwających się ścianach,
czeszą w nich sobie piórka, wysiadują jaja
nad rozżarzonym, płynnym, otwartym wnętrzem ziemi.
Zielona chmura skrzydeł przebija rano siną
chmurę siarki i rtęci: ptaki lecą za krater
w groźniejszy świat dzikich kotów, sokołów, ludzi, klatek.
Szukają pożywienia. Karmiąc młode, krążą
między katakumbami gniazd a żerowiskiem.
Pod wieczór są z powrotem.
Gromadzą się na drzewach, zwołują, liczą straty
i dają nura w parującą przepaść—dom
oświetlony przez lawę, w którym śpią
i pierzą się pisklęta.

*Wulkan Masaya w Nikaragui jest wyjątkowy, bo emituje gazy, które nie
są filtrowane przez wody podziemne, tylko pochodzą prosto z magmy,
ulatniają się przez komin i niszczą okoliczne uprawy.*

Emerald Parakeets

Down there, where seemingly nothing can breathe,
in an active volcano's crater filled with toxic fumes,
emerald-green parakeets reside.
This windless ash pit is their breeding ground.
They dig out burrows in walls that are subsiding,
they preen their feathers and hatch their eggs
above the red-hot, molten, open bowels of the Earth.
A bright green cloud of wings breaks through the morning blue-black
cloud of mercury and sulfur: the birds fly from the crater
into the more perilous world of feral cats and falcons, people, cages.
They're in search of food. Feeding their young, they circle
between the catacombs of nests and their hunting ground.
Toward evening they're back again.
They gather on the trees, call each other in, and count the losses,
then dive into the steaming chasm—a home
lit up by lava, the place where their nestlings
sleep and fledge.

*The Masaya volcano in Nicaragua is unique because it emanates gases that
are not filtered by underground waters, but come straight from the magma,
leak through vents and destroy the local plant life.*

ALJ

Dziesięć złotych dwudziestodolarówek

Pierwszy zarobek młodego lekarza,
pierwszy wydatek poety,
ambitnego chłopaka z New Jersey—
Williama Carlosa Williamsa.

Zapamięta słupek złotych monet,
które mu wręczono na parterze
meksykańskiej willi, gdy na piętrze,
w otoczeniu krewnych, umierał stary człowiek.

Jechali cztery dni: Señor Gonzales,
chory na płuca, pragnący być przed śmiercią w domu,
i jego podróżny anioł stróż,
spięty, świeżo opierzony doktor.

Można by ich obu sportretować
na dwóch stronach monety:
na jednej weteran życia, hodowca owiec, szef kolei,
w fotelu, okryty pledem, przy oknie pociągu,

na drugiej ktoś, kto zerka przez to okno
między robieniem zastrzyków i masowaniem nóg,
ciekawy nieznanego krajobrazu.
W *Autobiografii* Williams opowiada,

jak bał się, że Gonzales nie wytrzyma drogi,
że zanim ekspres pokona odległość

Ten Double-Eagle Gold Coins

A young doctor's first earnings,
young poet's first expense,
ambitious boy from New Jersey—
William Carlos Williams.

He'll remember that stack of gold coins
handed to him on the ground floor
of a Mexican villa, while upstairs,
surrounded by relatives, an old man died.

For four days they had traveled by train:
Señor Gonzales, lungs ailing, wishing to reach home
before death, and his roving guardian angel,
the tense, fledgling doctor.

Perhaps they're best portrayed as two
sides of the same coin: one, a veteran
of life, breeder of sheep, head of the railroad,
covered with a blanket in a seat by the window,

the other, someone peeking through that window,
between the giving of injections and the massaging of legs,
curious about an unknown landscape.
In Williams' *Autobiography*, he recounts

how he feared Gonzales would not last the journey,
and before the express could cover the distance

z Nowego Jorku do San Luis Potosi,
serce chorego stanie, i że wtedy

jadący z nimi syn Meksykanina,
od początku nieufny, pełen złości
wobec lekarza z kraju, co mu dopiekł,
urządzi partaczowi lincz.

Ale zarazem Williams opisuje
wielkoduszność Señora, jak powtarzał *gracias*,
kiedy doktor starał się mu pomóc, .
jak go wspierał, cierpliwy siwy twardziel,

zdeterminowany, żeby wygrać wyścig.
Na tym poeta kończy: że wygrali,
że udało się—cudem; Gonzales, już u siebie,
pożegnał go uśmiechem i uściskiem dłoni.

A pieniądze, które Williams dostał?
Co się z nimi stało? Sam się zastanawia.
Jakby zapomniał, że pokrył z nich koszt druku
swojej pierwszej książki.

from New York to San Luis Potosi,
the patient's heart would stop, and then

the son who was travelling with them,
distrustful from the start, so full of anger
at a doctor from a country that had spurned him,
would arrange to have the bungler lynched.

But then, in turn, Williams also describes
the Señor's benevolence, how he repeated *gracias*
each time the doctor tried to help him,
and how he was supportive, the patient, gray-haired

tough guy determined to win the race.
The poet ends with this: they won, it turned out
well—by some miracle, Gonzales at home
said goodbye with a smile and a handshake.

And the money that Williams received?
What happened to it? He muses to himself.
As if he could forget that he used it
for the printing of his very first book.

MR

Rysunek na kamieniu

Kobieta kuca przy piecu i dmucha w żar wcześnie rano.
Jej usta jak dzióbek czajnika wypuszczają obłok,
do dzisiaj ciepły na ułamku skały.

Kto ją narysował? Nieznany artysta.
Może jej ukochany, zatrudniony w pobliskiej
Dolinie Królów, gdzie osiem godzin dziennie,
na rusztowaniu, przy świetle lamp oliwnych,
ozdabiał wykuwane w tebańskich wzgórzach groby.

W dusznych wilgotnych salach rosły szpalery bogów.
Tłoczyły się procesje z darami w ofierze.
Świat cieni zgarniał wszystko: obrazy pracy w polu,
sceny warzenia piwa, zawodów sportowych.

Wieczorem wyjście z szybu. Świeży powiew na twarzy.
Po ciszy—pieprzne żarty kamieniarzy.
Wzrok, odklejony od ściany, wyfruwał na pustynię.
Ręce, wreszcie swobodne, bezwiednie się bawiły
ścinkiem wapienia z jakiejś sterty gruzu
przy włazie do podziemi.

A później na tym ścinku szkicowały
łuk pleców, uda, linię szyi,
których nie zapieczętuje
żaden Ozyrys.

A Sketch on Stone

A woman squats before a stove and blows on coals early in the morning.
Her mouth like the spout of a teapot lets out a cloud
that remains warm even today on this scrap of stone.

Who drew her? Some unknown artist.
Perhaps her beloved, employed in the nearby Valley
of the Kings, where eight hours a day
up on scaffolding and by the light of oil lamps
he embellished the rock-cut tombs of the Theban Hills.

In stifling, humid rooms columns of gods increased.
An endless stream pushed through with gifts as offerings.
The shadow world amassed everything: paintings with pastoral themes,
scenes of beer brewing, sports events.

Leaving the shaft at dusk. Fresh breeze on the face.
A hush, then—crude jokes of the stonemasons.
The gaze, unstuck from the wall, went fleeing into the desert.
Hands, at last free and easy, instinctively fiddled
with a limestone fleck from some heap of rubble
at the hatch to the underworld.

And on this fleck, later, they sketched
the curve of a back, a thigh, line of a neck,
never to be sealed below,
not even by Osiris.

MR

* * *

Skąd mam spojrzeć, żeby cię zobaczyć?
Z bliska czy z daleka? I z którego czasu?
Kiedy się odsuwam, próbując ciebie objąć
od stóp do głów, jak obraz na sztaludze,
czuję, że to ty mnie obejmujesz,
zmieniasz, dodajesz kolor, odejmujesz.
Raz patrzę ci w oczy, raz twoimi oczami,
kiedy śpisz lub gdy mi się śnisz,
to znów szukam szczegółu—przedmiotu, gestu, słowa,
niech jak pąk się otworzy i wybuchnie tobą.
Tyle punktów widzenia, a ja tkwię w martwym punkcie,
oplątana nicią, którą chciałam je złączyć.
I nie wiem, czy w tej nici jesteś,
czy w błysku nożyc, co ją przetną.

* * *

Where should I look from in order to see you?
From near or afar? And from what point in time?
When I move away, trying to encompass you
from head to foot, like a painting on an easel,
I feel that it's you encompassing me,
you're changing, adding color, subtracting.
Now I'm looking in your eyes, now I'm looking with your eyes,
while you're dreaming, or when you appear in my dream,
and now I'm looking for a detail—an object, a gesture, a word,
may it open wide like a bud and burst into being you.
So many points of view, yet I'm stuck at a dead point,
entangled by the thread I planned to use to join them.
And I don't know if you're in the thread,
or in the flash of the scissors cutting it in two.

ALJ

Odwiedziny po latach

Było nas kilkoro w pracowni na piętrze
przedwojennego domu z ogrodem.
Malowaliśmy kwiaty, owoce
i starą panią Martę z sąsiedztwa,
przypominam też sobie wypchanego bażanta
(prześcieradło udawało ośnieżone pole)
i nie zapomnę czaszki: zmieniała się razem ze światłem,
kpiła z moich rysowniczych prób.

Na ścianach wisiały po sufit
olejne obrazy naszej nauczycielki,
pełne zwierząt w surrealnych, soczystych kolorach.
Mieszkała z rodzicami,
przystojną matką na wózku i milkliwym ojcem,
i zawsze miała dużo kotów i psów.
Przychodziliśmy w soboty na dwugodzinne lekcje,
lecz pozwalała nam zostawać dłużej.
Wiosną były plenery;
kiedyś nad jeziorem zamiast malować pejzaż
ulepiliśmy z piasku kobietę
o włosach z czerwonej gliny.

Nosiła wtedy warkocz.
Mówiła, co myśli, uśmiechała się rzadko.
Samotność, brak sukcesu maskowała sarkazmem,
a nas, dwunastolatków, traktowała z powagą
i szorstkim ciepłem, tocząc z nami rozmowy o sztuce.

A Visit After Many Years

There were several of us in that second-floor workshop
in a prewar building with a garden.
We painted flowers, fruit, the old
woman Marta from around town.
I also remember a stuffed pheasant
(sheet made to resemble a snowy field)
and of course the skull: changing with the light,
mocking my attempts at drawing.

The walls were covered to the ceiling
with our teacher's oil paintings full
of animals in surreal, vivid colors.
She lived with her parents,
an attractive mother in a wheelchair, a taciturn father,
and lots of cats and dogs around.
Our Saturday lessons lasted two hours,
but she often allowed us to stay past.
In spring we went outdoors.
Once, at the lake, instead of painting the landscape
we made a woman out of sand
with red clay hair.

She wore braids back then,
said what she thought, smiled rarely.
Solitude, lack of success she masked with sarcasm
but treated us twelve-year-olds with gravity
and a gruff warmth in our debates about art.

Jej smutek wydawał nam się bardzo romantyczny
jak jej ogród, zarośnięty, z kępami irysów
i błękitną ostróżką w wybujałej trawie.

Dzisiaj—trawa skoszona.
Dom po wielkim remoncie.
Rodzice nie żyją.
Żadnych już więcej lekcji.
Maluje, sprzedaje,
podkreśla, że sprzedaje.
Dopiero przy furtce
gdy żegnamy się, mówi:
a pamiętasz tę kobietę z piasku?

Her sadness seemed to us quite romantic
like her garden, overgrown with clumps of irises
and blue delphinium in abundant grass.

Today—the grass is mown.
Building largely remodeled.
Parents no longer living.
No more lessons.
She is painting and selling.
She emphasizes the selling.
Only at the gate
as we say goodbye, does she ask:
Do you remember that woman of sand?

MR

Konie

Z ruin miasta zalanego przez wulkan
zabrałam owoc drzewa *jicaro*.
Twarda brązowa kulka ze śladami zębów—
jakieś zwierzę próbowało ją rozgryźć.
Gdy potrząsnąć kulką, grzechocze.

Myślę o ludziach, których kiedyś coś zniszczyło.
Odbudowali się gdzie indziej, a na miejscu katastrofy
są dziś kamienie, chaszcze i pancerne
owoce jicaro.
Tylko pasące się swobodnie konie
potrafią rozbić kopytami
skorupę i uwolnić nasiona.

Horses

From the ruins of the city overrun by a volcano
I took fruit from the *jícaro* tree.
Hard brown sphere with traces of teeth—
some animal had tried to bite it.
When you shake it, it rattles.

I think of the people whose lives were once destroyed.
They rebuilt elsewhere, and at the site of the disaster
there are now rocks, brush, and the armored
globes of the jícaro.
Only horses grazing freely
can crush shells with their hooves
to release the seeds.

KK

Buty

W przedsionku
między ulicą a świątynią
leżą moje buty
po całym dniu chodzenia.

Leżą jak łodzie
przy brzegu dywanu,
po którym idę
jak po wodzie.

Są brudne, a jednak
dotyka ich światło,
zagląda w nie,
przymierza.

Jak by mu w nich było?
Czekam boso.
Pasują? Uciekło.
A buty, znów na nogach, pieką.

Shoes

In the vestibule
between the street and the shrine
my shoes rest
after a whole day of wandering.

They rest there like boats
at the shoreline of the rug
through which I'm walking
like crossing the water.

They are dirty, yet
the light touches them,
peers in,
tries them on.

What would it be like inside?
I wait, barefoot.
Do they fit? But then it flees.
And the shoes, again on my feet, are burning.

MR

Afterword

"I feel fine being in my city, as long as I know I can leave."
—Krystyna Dąbrowska

The art critic and poet Peter Schjeldahl once described Joan Mitchell's paintings as "all wall and all window."[1] I've always loved this notion, that a work of art can keep us out and let us in simultaneously, producing a kind of metaphysical conundrum. Krystyna Dąbrowska's poetry creates this effect. On one hand, her work is direct and rooted in descriptions of everyday life, conveyed with a reporter's commitment to reality; on the other hand, such careful attention to tangible detail functions as a portal into the intangible and ineffable. It is precisely these moments—when the ordinary gives way, however briefly, to the extraordinary—that Dąbrowska seeks out and records, often as a traveler observing the world from a slight remove, waiting to see where a chance encounter might lead. And we are along for the journey.

Dąbrowska herself often mentions walls and windows. The title poem of her second collection, *White Chairs*, which won the Kościelski Award and the inaugural Wisława Szymborska Award, begins with this imperative: "Let dailiness in poetry be like the white / plastic chairs by the Wailing Wall." Many readers point to this poem as an *ars poetica*, which conveys a poetic eye trained on images that connect the mundane and the spiritual. Metaphorically speaking, then, these poems mention walls by way of trying to bridge what they divide. I would add to this a poetic ear alert to other people's stories, specifically those that lead into a sense of what is not resolved, or what is

---

[1] Peter Schjeldahl, "Tough Love: Resurrecting Joan Mitchell," *The New Yorker*, July 15, 2002.

mysterious or painful. Windows frequently show up in such moments. Like the glass flashing in the sun that becomes "just for a minute, obscure" in the poem "Replacing Windows," Dąbrowska records the stories of those who might otherwise be passed over without regard for the complexity of their lives.

In broader terms, these poems place us in one situation after the next that hovers at the line between what is solid and what is unseen, what is concrete and what is abstract, bringing our awareness to both states simultaneously. On a rooftop in Cairo, we meet a pack of goats whose bleating exists between the mundane sounds of traffic emanating from the street below and the spiritual realm of prayers wafting from minarets above. Or, in "Yesterday I Saw a Dog at the Tideline," we witness a dog as it frolics back and forth between states of freedom and constraint. This poem, in particular, serves as the perfect source for titling our collection—her debut in English translation—since it emphasizes the line where two states meet and also marks a turning point in her own poetic development. She would later describe it as the first poem in which she found her own style, one based in the observation of a scene and "written in colloquial language, without the bending of words,"[2] but with a clarity of image that transcends description to become something more.

Point of view has everything to do with whether an observation has the power to lead us further into a poetic vision. As a highly visual poet, Dąbrowska is like a photographer who is both responsive enough to catch what passes by chance through the camera's lens and skilled enough to choose just the right framing.[3] At the same time—

[2] Eliza Kącka, "Co siedzi w wierszu: rozmowa z Krystyną Dąbrowską," *Mały Format*, Web, June 1, 2019.
[3] Piotr Matywiecki, "Styl istnienia," *Myśli do słów. Szkice o poezji* (Kołobrzeg: Biuro Literackie, 2013).

like great photographic images—her poems bring our awareness to the power of framing in general and what remains out of sight, beyond the border's edge. Many poems take up the idea of artistic perspective in and of itself and reveal her background in the study of visual art. The question that opens *White Chairs* provides a key to this aspect of Dąbrowska's poetics: "Where should I look from in order to see you?" To not just look but really see, to not just see but see through, requires the smallest of detail:

> Now I'm looking in your eyes, now I'm looking with your eyes,
> while you're dreaming, or when you appear in my dream,
> and now I'm looking for a detail—an object, a gesture, a word,
> may it open wide like a bud and burst into being you.

The poem reminds us how a simple gesture can convey multitudes about a person, depending on the distance and the angle from which we consider them.

It follows that clarity of observation governs intimacy, which is another driving force of these poems. A hedgehog who falls in love with a scrubbing brush, a tongue that caresses the edges of an envelope, a woman who tells the story of her exile to a stranger—so many of these poems explore the moment when the self blurs into another, either erotically or emotionally. Or, more precisely, they waver at the line— yes, we're at a border again—where "we meet halfway / between your solitude and mine." For Dąbrowska, the metaphorically resonant image is precisely that which brings our attention to the various types of "hidden isolation" in the world, people and states of being that remain separated by unseen barriers in order to maintain concord, like the invisible glass dividers in "Oceanarium." But, like the shadows that are able to cross over into the other tanks of the aquarium, intimacy allows a meeting that disrupts easy harmony, however ephemeral or fleeting that intensity might be.

I am reminded of Rilke's formulation in *Letters to a Young Poet*, for the painful but essential struggle of human love, "the love that consists in this: that two solitudes protect and border and greet each other."[4] It is this kind of intimacy that, he says, induces the individual to ripen and "become world" (without the definite article) for the sake of another person. Through her travels and relationships with other people, both those unfolding in the present moment and those revisited through memory, I hear the struggle of someone trying to become world.

Because of this, Dąbrowska approaches language and poetic idiom as a means rather than an end—a means nonetheless finely focused. "It's easy to say that I'm a picture poet, for whom language is less important," she recently explained in an interview. "And yet any worthwhile poem is a work of language, though in my case it's done without ostentation. For me, language is a tool, a way of struggling with reality, not an end in itself."[5] This quality poses a translation challenge: how to convey a controlled and elegant lyricism without burdening it with embellishment or mannerism. I find this achieved in many translations by my collaborators, with whom I feel lucky to share an enthusiasm for Dąbrowska's empathic voice and lack of concern for literary fashion. Take the wonderful sonic play of silence/reticence/response at the end of Karen Kovacik's translation of "Grandmother's Voice." Likewise, I love the strong rhythmic feel in so many of Antonia Lloyd-Jones' renditions, such as the iambic lilt of the line "Like unsealing someone else's letter over steam?" in "The Darkness of Eyelids."

[4] Rainer Maria Rilke, "May 14, 1904," *Letters to a Young Poet*,
    trans. Stephen Mitchell (New York: Vintage Books, 1986).
[5] Kącka, *Mały Format*.

I would add to this elegant lyricism the fact that, if epiphany exists in these poems, it exists in moments of tension created by a subtle precision of words. There is little adornment or explication of images done for us. ("I try not to use too many words," Dąbrowska told me early on.) Instead, we are led into making connections on our own, based on clues within a description. Take, for example, the juxtaposition of sound and silence in the poem "Wall," which ends with the image of a "Chorus of hidden slips of paper / tucked in a wall full of silence." The Polish word *wielogłos*, which I have rendered as *chorus*, emphasizes polyphony, itself made up of a combination of the words for *many* and *voice*. In this way, the poem highlights the multiplicity of the prayers of various individuals, each tucked into a crack in the Wailing Wall, where they are united, ironically, by silence. The setup, which invites us to compare this type of polyvocality with "protest songs" of graffiti on the Israeli West Bank barrier, makes this irony even more layered. The prime question for me as a translator is how to keep the language simple without simplifying. While *chorus* loses some of the emphasis on disparate voices coming together, it retains the idea of sound produced by many voices, put into tension through the chime of assonance with *tucked* that suggests a silencing.

So it is that I'm back again to thinking about walls and—if not windows, at least cracks within a wall. And this leads me to one last element of Dąbrowska's poetics: wry humor. Tucked within these poems as within the cracks in a wall are many observations about the comical side of life. In the reversal of "security questions" into "insecurity questions," I see a similar sensibility to Szymborska's desire to look at preconceived ideas from novel and amusing vantage points. There's a love of the flawed, the imperfect, the overlooked. As illustration, I'll end with one last wall. In "A Church in Georgia," we meet a renovated building that is described "as sad as an aging woman / after plastic surgery, devoid of any wrinkles." But the song of five singers soon gives shape to the silence of what was there before, opening "chinks of light" in the smooth, blank façade. As a poet who encompasses both the serious and the amusing, the spiritual and the mundane, Dąbrowska reminds us that we hold these chinks of light inside us as we go on about our days.

—*Mira Rosenthal*

Acknowledgments

We would like to acknowledge the journals in which some of these poems first appeared:

The Arkansas International: "Wall"
Atlanta Review: "Grandmother's Voice," "Two Sculptures,"
   "Replacing Windows," "Words in the Air"
Brooklyn Rail: "After the Accident," "Doormen," "Genizah,"
   "Girl in Hijab," "Shoes"
Cincinnati Review: "Etna," "Guy with Leica Camera," "Goats"
The Compass Magazine: "In a Side Room"
Harper's: "Names"
Harvard Review: "Hebrew," "Soundtracks"
The High Window: "Bed," "Ten Double-Eagle Gold Coins,"
   "A Visit After Many Years"
The Literary Review: "Judith"
Los Angeles Review: "Water Walking Balls"
Modern Poetry in Translation: "Emerald Parakeets"
New England Review: "Henry Moore"
Ploughshares: "Sleepless Poem," "A Tale About Hedgehogs"
Przekrój: "Sculptures for the Blind"
Solstice: "Contraband," "Hila," "Our Language"
Southern Review: "Confession," "White Chairs"
Threepenny Review: "Wooden Figure of a Hunchbacked Dignitary"
Tupelo Quarterly: "This Evening, Underwater Light"
Versopolis: "As a child I would stand . . . ," "I cannot say *we* . . . ,"
   "We are a dictionary . . . ," "Where should I look from . . . ,"
   "City of the Dead," "The Face of My Neighbor,"

"Oceanarium," "Siblings," "They Posed for a Pittance," "Travel Agency," "In the Metro," "A Church in Georgia," "At the Crossroads"

Washington Square Review: "Personal Items"

Yale Review: "Yesterday I Saw a Dog at the Tideline"

"Travel Agency" and "Where should I look from . . ." also appeared in the anthology *Scattering the Dark*, ed. Karen Kovacik (White Pine, 2016).

The original versions of these poems previously appeared in the following collections:

Biuro podróży ("Travel Agency"), *Zielona Sowa*, 2006, *Białe krzesła* ("White Chairs"), *WBPiCAK*, 2012, *Czas i przesłona* ("Time and Aperture"), *Znak*, 2014, and *Ścieżki dźwiękowe* ("Soundtracks"), *Wydawnictwo a5*, 2018.

Mira Rosenthal would like to thank Hedgebrook for the gift of time, space, and good food that fed these translations.

* * *

Translators are indicated at the end of each poem:

KK Karen Kovacik
ALJ Antonia Lloyd-Jones
MR Mira Rosenthal

Contributors

Krystyna Dąbrowska (b. 1979) is a poet, essayist and translator. Author of four poetry books: *Biuro podróży* ("Travel Agency," Zielona Sowa, 2006), *Białe krzesła* ("White Chairs," WBPiCAK, 2012), *Czas i przesłona* ("Time and Aperture," Znak, 2014), and *Ścieżki dźwiękowe* ("Soundtracks," Wydawnictwo a5, 2018). In 2013 she won two of the most prestigious Polish literary prizes: the Wisława Szymborska Award and the Kościelski Award, and in 2019 the Literary Award of the Capital City of Warsaw. Her poems have been translated into twenty languages. In the US they have appeared, among others, in *Harper's Magazine, The Threepenny Review, Washington Square Review, Ploughshares* and *Poetry*. Book-length collections of her poems have been published in Italian, German, and Swedish. Her translations include the poetry of W. C. Williams, Thom Gunn, Charles Simic, Kim Moore, Nuala Ní Dhomhnaill, and Louise Glück. She lives and works in Warsaw.

Karen Kovacik is the author of the poetry collections *Metropolis Burning, Beyond the Velvet Curtain*, and *Nixon and I*. Her work as a poet and translator has received numerous honors, including the Charity Randall Citation from the International Poetry Forum, two fellowships in literary translation from the National Endowment for the Arts, and a Fulbright Research Grant to Poland. She is the translator most recently of Jacek Dehnel's *Aperture* (Zephyr, 2018), a finalist for the 2019 PEN Award for Poetry in Translation, and she is the editor of the anthology of Polish women poets, *Scattering the Dark* (White Pine, 2016). Professor of English at Indiana University Purdue University Indianapolis, she served as Indiana's Poet Laureate from 2012–2014.

Antonia Lloyd-Jones has translated works by several of Poland's leading contemporary novelists and reportage authors, as well as crime fiction, science fiction, poetry and children's books. Her translation of *Drive Your Plow Over the Bones of the Dead* by 2018 Nobel Prize laureate Olga Tokarczuk was shortlisted for the 2019 Man Booker International prize. She is a mentor for the Emerging Translators' Mentorship Programme, and former co-chair of the UK Translators Association. Her translations of poems by Tadeusz Dąbrowski, Krystyna Dąbrowska, Łukasz Jarosz, Michał Sobol and other contemporary Polish poets have appeared in a wide range of journals including the *New Yorker, Harpers* and *Ploughshares*. Her book-length translations include two collections by Tadeusz Dąbrowski (*Black Square* and *Posts*, both Zephyr Press). She has also translated children's poetry by Julian Tuwim, Michał Rusinek and others.

Mira Rosenthal is the author of *The Local World*, which won the Wick Poetry Prize. She is the recipient of a National Endowment for the Arts Fellowship and Stanford University's Stegner Fellowship, and her work appears regularly in such journals as *Poetry, Ploughshares, Threepenny Review, Guernica, Harvard Review, New England Review, A Public Space*, and *Oxford American*. Her translation of Polish poet Tomasz Różycki's *Colonies* won the Northern California Book Award and was shortlisted for numerous other prizes, including the International Griffin Poetry Prize. Her other honors include a PEN/ Heim Translation Fund Award, a Fulbright Fellowship, a grant from the American Council of Learned Societies, and residencies at Hedgebrook and MacDowell. She teaches creative writing at Cal Poly and lives on the central coast of California.

Polish Poetry *from* Zephyr Press

Carnivorous Boy Carnivorous Bird *Selected by Marcin Baran;*
Edited by Anna Skucińska and Elżbieta Wójcik-Leese
[978-0-939010-72-1]

Tadeusz Dąbrowski **Black Square**
translated by Antonia Lloyd-Jones
[978-0-981521-6-3]

Tadeusz Dąbrowski **Posts**
translated by Antonia Lloyd-Jones
[978-1-938890-99-4]

Jacek Dehnel **Aperture**
translated by Karen Kovacik
[978-1-938890-94-9]

Julia Fiedorczuk **Oxygen**
translated by Bill Johnston
[978-1-938890-19-2]

Marzanna Kielar **Salt Monody**
translated by Elżbieta Wójcik-Leese
[978-0-939010-86-8]

MLB **69**
translated by Frank L. Vigoda
[978-0-939010-99-8]

Tomasz Różycki **The Forgotten Keys**
translated by Mira Rosenthal
[978-0-939010-94-3]

Tomasz Różycki **Colonies**
translated by Mira Rosenthal
[978-0-983297-03-1]

Tomasz Różycki **Twelve Stations**
translated by Bill Johnston
[978-0-9832970-4-8]

Marcin Świetlicki **Night Truck Driver**
translated by Elżbieta Wójcik-Leese
[978-1-938890-80-2]

Eugeniusz Tkaczyszyn-Dycki **Peregrinary**
translated by Bill Johnston
[978-0-939010-97-4]

Grzegorz Wróblewski **Kopenhaga**
translated by Piotr Gwiazda
[978-1-938890-00-0]